Esperanza Aparicio & Javier Pérez

O autêntico
MÉTODO PILATES
A Arte do Controle

Tradução de
MAGDA LOPES

temas'de hoje.

Copyright © 2005, Esperanza Aparicio
Copyright © 2005, Javier Pérez
Copyright © 2005, Ediciones Martínez Roca, S.A.
Título Original: El auténtico método Pilates: el arte del control

Coordenação editorial: Marcelo Gomes
Revisão: Ayumi Fernandes
Diagramação: Equipe Planeta
Ilustração: Óscar Martínez

Esta obra contou com a colaboração de Alessandra Bueno Tegoni, do Studio Ballance, Porto Alegre, no que diz respeito ao esclarecimento do vocabulário específico do método Pilates

Dados Internacionais de Catalogação na Publicação (CIP)
(Câmara Brasileira do Livro, SP, Brasil)

> Aparicio, Esperanza
> O autêntico método Pilates : a arte do controle / Esperanza Aparicio y Javier Pérez ; tradução Magda Lopes. – São Paulo : Editora Planeta do Brasil, 2005.
>
> Título original: El auténtico método Pilates : el arte del control.
>
> ISBN 85-89885-90-9
> 1. Exercícios físicos 2. Pilates - Método
> 3. Saúde - Promoção I. Pérez, Javier. II. Título.
>
> 05-4969   CDD-613.71

Índices para catálogo sistemático:
1. Pilates : Exercícios físicos : Promoção da saúde 613.71

2005
Todos os direitos desta edição reservados à
Editora Planeta do Brasil Ltda.
Alameda Ministro Rocha Azevedo, 346 – 8º andar
01410-000 – São Paulo-SP
vendas@editoraplaneta.com.br

ÍNDICE

Agradecimentos 15

PRIMEIRA PARTE
O MÉTODO PILATES

1. Definição de Pilates 21

2. História breve 25

3. O que é e o que não é Pilates 29

4. Como distinguir um autêntico professor do método
Pilates 33
Mestras do método Pilates 34

5. Os seis princípios básicos 37
Centro de força 37
Concentração 38

Controle 38
Precisão. 39
Respiração. 39
Fluidez de movimento. 40

6. Seis conceitos fundamentais. 41
Posição Pilates. 41
A linha central e "a caixa". 43
O umbigo na direção da coluna, "para dentro e para cima". 43
O queixo na direção do peito. 44
Articular a coluna vértebra por vértebra. 44
Curva C. 45

7. Os aparelhos do treinamento. 47
Universal Reformer. 48
O Cadillac. 48
Cadeira Alta. 49
Cadeira Wunda. 49
Barril Grande. 49
Corretor da Coluna e Little Barrel. 50
Pedi-pole. 50
Círculo mágico. 51

SEGUNDA PARTE
INICIANDO-SE NO AUTÊNTICO MÉTODO PILATES

1. Antes de começar os exercícios no colchonete. 55
Precauções antes de começar, advertências ao leitor. 57
Respirar pelo nariz. 57
Treinar em condições especiais. 58
    Pescoços frágeis ou delicados. 59
    Ombros, cotovelos ou pulsos. 59

  Costas. 59
  Quadris. 60
  Joelhos. 60
  Tornozelos. 60
  Gravidez. 61

2. A ser levado em conta. 63
A hiperextensão das articulações. 63
As posições dos pés. 63
Qualidade/quantidade. 64
Positividade/perseverança. 65

3. Exercícios pré-Pilates. 67
Explorando o centro de força. 67
Empurrando o umbigo na direção da coluna. 68
Empurrando a coluna na direção do colchonete. 69
Esticando a nuca/levando o queixo na direção do peito. 70
Ativar/recolher/apertar os glúteos. 73
5-10-15. 74
Rodar para baixo. 76

4. Exercícios pré-Pilates sentados. 79
Elevar-se acima dos quadris. 79
Erguer um joelho. 80
Exercícios para os ombros. 83
  Erguer e baixar os ombros. 83
  Círculos com os ombros. 85
Exercícios para o pescoço e a nuca. 86
  De um lado para o outro: olhando ao redor por cima
dos ombros. 87
  Olhar na direção do umbigo. 88
  Levar a orelha até o ombro. 90
  Semicírculo. 91

TERCEIRA PARTE
O COLCHONETE DO AUTÊNTICO MÉTODO PILATES

Tabela de sistemas, repetições e ordem dos exercícios.......... 94

1. Exercícios do sistema básico no colchonete................ 97
Os cem.. 97
Rodar para frente... 101
Círculos com uma perna.. 104
Rolar como uma bola... 109
Estiramento de uma perna..................................... 111
Estiramento das duas pernas................................. 114
Estiramento da coluna para frente......................... 117

2. Exercícios do sistema intermediário no colchonete........ 121
Estiramento alternado com as pernas esticadas................ 121
Estiramento das duas pernas esticadas......................... 124
Entrecruzado... 127
Balanço com as pernas separadas............................ 129
Saca-rolhas... 132
Serra.. 136
Círculos com a nuca.. 139
Pontapé com uma perna... 142
Pontapé com as duas pernas.................................. 146
Estiramento da nuca... 149
Série de pontapés laterais...................................... 152
    Para frente/para trás....................................... 152
    Para cima/para baixo...................................... 156
    Pequenos círculos... 158
O brincalhão I... 161
A foca... 164

3. Exercícios do sistema avançado no colchonete............ 167
Elevação das pernas para trás................................ 167
Mergulho do cisne.. 170

Canivete suíço...173
Torção da coluna...177
Tesoura..180
Bicicleta...183
Ponte sobre os ombros......................................186
Série de pontapés laterais..................................189
    Bicicleta para frente/para trás......................189
    Elevação das pernas...................................193
    Bater as pernas..195
    Círculos com a face interior das coxas.................198
    Pontapé quente..200
    Tesoura grande..203
    Grand rond de jambe..................................205
O brincalhão II..209
O brincalhão III...211
Bumerangue..214
Círculos de quadris..218
Nadar...222
Jogar a perna para baixo....................................224
Jogar a perna para cima....................................226
Pontapés laterais ajoelhado................................229
Sereia...232
Flexões...237

QUARTA PARTE
SÉRIE DA PAREDE

Círculos com os braços......................................243
Rodar para baixo..247
Sentar-se..248
"2 x 4" de frente para a parede............................252

QUINTA PARTE
SÉRIE COM PESOS

Tabela de sistemas, repetições e ordem dos exercícios.........259

1. **Exercícios do sistema básico**.............................261
Braços para frente 90º...261
Braço para os lados 90º..263
Flexões do antebraço de pé....................................266

2. **Exercícios do sistema intermediário**.....................269
Boxe..269
Laterais..271
O morcego...273
Cremalheira...275
Barbeado..277

3. **Exercícios do sistema avançado**..........................281
Flexões do antebraço na posição de tábua......................281
Expansão do peito...283
Círculos com os braços..285
Estocadas...287

RELAÇÃO DE ACADEMIAS.......................................291

*Dedicado a Manuel Aparicio,
meu queridíssimo e adorado pai.*

Esperanza

AGRADECIMENTOS

O projeto de realizar um livro de exercícios sobre colchonete do método Pilates estava em nossa agenda desde que saímos de Nova York e chegamos a Barcelona, em 1999. Nosso objetivo naquela época era abrir a primeira academia de Pilates, que, depois de muito pensar, chamamos de Estudio El Arte del Control (Estúdio A Arte do Controle), como o próprio Joseph Hubertus Pilates tinha na placa de seu apartamento-estúdio na Oitava Avenida de Nova York. Submetemos este nome à nossa mestra, Romana Kryzanowska, e lhe pareceu uma excelente idéia, ao mesmo tempo em que a encheu de alegria.

Desde que abrimos a academia, estivemos considerando a idéia de escrever este livro, mas o projeto foi sendo adiado devido ao trabalho árduo de um professor do método Pilates, acrescido do fato de a nossa academia ser a primeira e única na Catalunha, em uma época em que era a única na Espanha onde eram transmitidos os ensinamentos originais do mestre Pilates com a aprovação e colaboração das duas mestras, Romana Kryzanowska e sua filha Sari Mejía Santo, além do quase total desconhecimento da existência deste método e da tarefa de ter de torná-lo conhecido por conferências, congressos e meios de comunicação em geral.

Outra prioridade importante para nós nestes cinco anos foi a de criar a escola de formação de professores no método Pilates sob o nome de Programa de Instrucción Independiente El Arte del Control, de J. H. Pilates®, em colaboração com Romana's Pilates LLc, um programa para alunos escolhidos e que desejam se formar no autêntico método Pilates, tal como ele foi criado por J. H. Pilates e sua esposa Clara, transmitido posteriormente, desde 1941, à nossa mestra Romana, que, por sua vez, o transmitiu à sua filha Sari.

Durante esse tempo, vimos como apareceram, de maneira vertiginosa, escolas, certificados, professores, academias de Pilates, e uma infinidade de livros. Achamos que era o momento adequado para elaborar esta obra. Atualmente, os motivos são mais abundantes que antes. Poderíamos resumi-los dizendo que gostaríamos de colaborar para esclarecer e defender, na situação atual de absoluto caos a respeito, nossa posição inquebrantável de levar ao público o método original criado pelo senhor Pilates e que nos foi transmitido pelas nossas mestras. Há muitos anos, encontrando-nos no Brasil com Romana para a inauguração da escola em São Paulo, ela nos disse o seguinte: "Jamais, nos 55 anos em que divulgo o método Pilates, senti a necessidade de mudar qualquer coisa que eu tenha aprendido com meu mestre [Pilates]. Ainda não apareceu ninguém que tenha podido melhorar o trabalho deste gênio."

Por esta razão, agradecemos a Romana Kryzanowska e à sua filha Sari por nos tornar colaboradores desta tradição tão valiosa. Graças ao seu trabalho incansável, e a milhares de horas observando seus ensinamentos, elas nos abriram o caminho para compreender melhor o ser humano e tentar ajudá-lo mediante este legado. Além disso, ensinaram a nós toda a técnica do método, e a ter respeito, humildade, trabalho e dedicação por nossa profissão. (Nós, que viemos da tradição do balé clássico, já conhecíamos estas palavras.)

Queremos agradecer a nossos pais e familiares, que durante todos estes anos nos apoiaram em nossos projetos, especialmente a Manolo, pai de Esperanza, que dia a dia, antes de nos deixar, nos ajudou e colaborou com especial amor e incansavelmente para que nossos sonhos se tornassem realidade.

Agradecemos a Ildefonso Falcore de Sierra, nosso grande amigo que nos escutou desde o início com toda a paciência do mundo e continua nos apoiando, e a Elena Ypes por ser como é. Finalmente, a J. L. Pérez de Pulgar por sua ajuda.

Não podemos esquecer de todos os nossos clientes da academia, passados e presentes, com os quais pudemos experimentar melhoras, neles e em nós mesmos, graças a El Arte del Control.

Esperamos que este livro seja um companheiro de viagem para toda a sua vida, e que não fique pelo caminho como, certamente, acontecerá com todas as cópias e imitações do método Pilates que existem na atualidade.

ESPERANZA APARICIO E JAVIER PÉREZ
Outubro de 2004

PRIMEIRA PARTE

O MÉTODO PILATES

1
DEFINIÇÃO DE PILATES

"Uma boa condição física é o primeiro requisito para ser feliz." Esta frase de J. H. Pilates poderia resumir perfeitamente a filosofia do método criado por ele. Uma boa condição física, que se consegue fazendo intervir não só o corpo, mas também a mente e o espírito, com o objetivo final de "realizar as múltiplas tarefas da nossa vida diária com prazer e energia".

Pilates é um programa de treinamento físico e mental que considera o corpo e a mente como uma unidade, dedicando-se a explorar o potencial de mudança do corpo humano. Esta mudança, que tem como meta alcançar um melhor funcionamento do corpo, baseia-se no fortalecimento do centro de força, expressão que denomina a circunferência do tronco inferior, a estrutura que suporta e reforça o resto do corpo. O segundo pilar do método é a aplicação dos seis princípios básicos fundamentais: concentração, controle, centro, fluidez nos movimentos, respiração e precisão.

O método Pilates é a completa coordenação de corpo, mente e espírito. Um sistema único de exercícios de alongamento e fortalecimento desenvolvido por Joseph H. Pilates há quase noventa anos, que trabalha em seqüências de movimentos controlados e precisos, com de aparelhos especializados criados pelo próprio Pilates, que oferecem um conjunto de resistências variáveis ao esforço muscular e atuam como os próprios músculos, combinando este trabalho com o de solo ou com colchonete. Os exercícios são realizados em diferentes posições (deitada, sentada, ajoelhada, inclinada e em pé), evitando sempre o impacto ou a pressão sobre os músculos, as articulações e os tecidos. As sessões são supervisionadas integralmente por professores devidamente qualificados e diplomados.

As pessoas que praticam com regularidade este método desenvolvem o corpo de forma harmônica, revigoram a mente, elevam o espírito, melhoram sua postura, movem-se com maior desenvoltura, dormem melhor e conseguem um corpo mais forte, flexível e uma aparência mais atraente. Pilates facilita a harmonia e o equilíbrio muscular. É um método eficaz por si mesmo, que não cansa nem entedia e que deve ser praticado em sua maior pureza, sem se misturar simultaneamente com outras disciplinas ou terapias.

O método equivale a uma "ducha interna": seu coração vai bombear com maior força e melhor ritmo, mas evitando que se acelere e realize um trabalho excessivo; a corrente sangüínea circulará com renovado vigor e regularidade, oxigenará o sangue, estimulará a drenagem linfática e os órgãos internos.

"O ideal seria que nossos músculos obedecessem à nossa vontade, ou, o que é a mesma coisa, que esta não estivesse dominada pelas ações reflexas de nossos músculos." "É a mente que guia o corpo." Joseph Pilates acreditava no poder da mente para controlar o corpo, e por isso não se estranha que muitas pessoas fiquem bastante surpreendidas com o bem-estar e a energia que sentem depois das primeiras aulas. Pilates demonstrou sua teoria algumas vezes durante muitos anos de investigação e treinamento.

Busca-se a harmonia mental e física: a realização das capacidades físicas de cada pessoa e a correção dos desequilíbrios e das debilidades, e por isso o recomendamos a quase todo tipo de pessoas, independente da idade ou da profissão.

J. H. Pilates foi um defensor ferrenho da pureza do seu método, que definiu como uma combinação de arte e ciência, e transmitiu esta convicção para seus discípulos diretos. No entanto, nos últimos tempos, e a partir da determinação judicial de um tribunal norte-americano que transformou em genérico o termo Pilates, milhares de pessoas utilizam este nome como gancho para obter benefícios meramente comerciais. Este uso inescrupuloso do método só pode produzir uma deterioração do modelo autêntico, o que se traduz na drástica redução da eficácia dos resultados.

Gostaríamos de ressaltar a importância do tipo de linguagem e da tradução correta do idioma original, o inglês, tanto para o professor que dá aulas quanto para o praticante do método. J. H. Pilates defendia uma linguagem precisa, clara e natural para transmitir o seu método. Foi eliminando um vocabulário determinado para compor outro tipicamente Pilates. Se freqüentar uma academia autêntica do método Pilates, vai lhe chamar a atenção a forma de ensino utilizada pelos professores. Utiliza-se um vocabulário especial que inclui infinitas frases, tanto de Pilates como de sua esposa Clara. Realizamos um trabalho de aproximação a mais exata possível, muitas vezes com a ajuda de Romana e Sari, que, para a nossa sorte, falam espanhol. Se for a uma academia Pilates autêntica em qualquer lugar do mundo, observará que os professores, em seus respectivos idiomas, usam a mesma linguagem "técnica" e, em muitas ocasiões, frases do criador do método.

O autêntico
MÉTODO PILATES
A Arte do Controle

2
HISTÓRIA BREVE

Por vários motivos, já foi escrito todo tipo de fantasias, invenções e desacertos sobre a pessoa e a vida de J. H. Pilates. A questão é que hoje em dia há muito poucas pessoas vivas que possam relatar a vida e histórias deste personagem genial. Romana Kryzanowska compartilhou profissão e amizade com o casal Joseph e Clara desde 1941 até o falecimento de ambos. Ainda continuam freqüentando a academia de Romana pessoas que tinham aulas com Joseph ou Clara naquela época. Joseph era, sem dúvida alguma, uma pessoa de uma vida tão intensa quanto sua metodologia. Em geral, era amigo de seus amigos, com um caráter muito marcante, despreocupado com as finanças, muito zeloso de seus ensinamentos, trabalhador incansável, observador, dotado de uma inteligência intuitiva inata, orgulhoso do seu trabalho, visionário e possuidor de um enorme potencial criativo.

Joseph Hubertus Pilates nasceu em 1880 perto de Dusseldorf, no seio de uma família de classe média. Devido a uma saúde fraca na infância, e à sua sede de conhecimentos, dedicou-se com empenho aos estudos de anatomia, física, biologia e tudo o que cruzasse o seu caminho. Quando era adolescente, limpava o jardim de um vizinho, que possuía uma importante biblioteca, em troca de poder desfrutar dela. Desde cedo já era um apaixonado pela civilização grega, que estudou e lhe serviu de inspiração para sua futura metodologia. Em seus momentos livres passava as horas observando o movimento dos animais no bosque próximo à sua casa.

Mais tarde, estudou disciplinas físicas orientais, já que a Alemanha, no início do século XX, estava na vanguarda destas questões. Assim, com esse afã de superação, também estudou e praticou disciplinas ocidentais de treinamento físico, e chegou a ser boxeador e acrobata de circo.

Pilates e seu irmão juntaram-se a uma companhia de circo que realizou uma turnê por Londres quando estourou a Primeira Guerra Mundial. Todos os componentes da trupe foram confinados preventivamente na ilha de Man. Pilates dedicou-se, entre outras ocupações, a treinar seus companheiros com seus exercícios. Era o ano de 1918. Houve uma grande epidemia de gripe, que seus companheiros conseguiram superar. Além disso, para melhorar a condição física dos soldados que estavam feridos, ocorreu-lhe instalar molas nas camas para que eles pudessem se exercitar. Ali foi elaborada a sua idéia de criar alguns aparelhos que apoiassem seu método de condicionamento físico.

Depois da guerra, regressou à Alemanha, onde seus treinamentos chamaram a atenção no mundo da dança. Conheceu, entre outros, Rudolf von Laban. Guilherme II pressionou Pilates para que ensinasse seu sistema de ginástica ao novo exército alemão. Também recorreram a ele atletas, entre eles o campeão de boxe dos pesos pesados, Max Schmeling. Em 1926, Pilates decidiu acompanhar Schmeling a Nova York, já que este aspirava o título de campeão mundial, com a promessa do representante do boxeador de lhe financiar uma academia naquela cidade. Na viagem de navio de Londres para Nova York, Pilates conheceu Clara, que mais tarde seria sua esposa.

Em 1926, abriu sua academia na Oitava Avenida de Nova York, e rapidamente atraiu pessoas famosas e influentes da cidade, como Ruth St. Denis, Ted Shawn, Martha Graham e George Balanchine, entre outros.

Joseph Pilates escreveu dois livros com a colaboração de seu amigo William John Miller, o primeiro em 1934, *Your Health*, que é um compêndio da sua filosofia, e outro em 1945, *Return to Life Through Contrology*, que se concentra nos exercícios no colchonete.

Romana Kryzanowska conheceu Pilates graças a George Balanchine, em 1941. Naquela época, ela era uma aluna avançada de balé, quando sofreu uma lesão em um dos pés. Balanchine a apresentou a Joe, que era como os amigos o chamavam, para que a ajudasse a melhorar seu pé. Romana, depois de algumas sessões com Pilates, converteu-se em uma adepta do seu método. Durante três anos freqüentou quase diariamente a academia de Joe, e em 1944 ensinava na mítica academia junto com Pilates e sua esposa Clara.

A popularidade de Pilates não parou de crescer desde sua chegada a Nova York. A revista *Dance Magazine*, em seu número de fevereiro de 1956, dizia: "Em um momento ou outro, praticamente todos os bailarinos de Nova York submeteram-se obedientemente à zelosa instrução de Joe Pilates".

Quando Joe faleceu, em 1967, tinha 87 anos. Não deixou testamento que designasse um sucessor para continuar o seu método. Clara e Romana continuaram o seu trabalho na academia original de Nova York. Devido à idade avançada de Clara, esta pediu a Romana Kryzanowska que assumisse a direção da academia. Ela aceitou e dirigiu a mítica academia até a morte de Clara, em 1977, e, junto com sua filha Sari, prossegue até nossos dias o seu trabalho de conservação e difusão do método de J. H. Pilates e Clara.

3
O QUE É E O QUE NÃO É PILATES

O trabalho realizado por J. H. Pilates com seu método perdurou em sua forma original durante toda a vida do seu criador. Clara e Romana Kryzanowska continuaram seu trabalho até os dias de hoje, ajudando milhares de indivíduos, compreendendo a obra deste gênio e aplicando "seu método original", produto de toda uma vida de investigação e observação do funcionamento natural do corpo humano, junto com a comprovação dos resultados. Sua obra perdurou de maneira revolucionária até hoje porque é perfeita. O peculiar de uma obra-prima é que nela não há nada a acrescentar; cada detalhe é necessário, porque ocupa o seu lugar no conjunto. Como dizia J. H. Pilates: "Por que não apontar para o mais alto em vez de ficar na mediocridade?". Dito desta maneira, poderia parecer se tratar de um sistema fechado, ortodoxo e hermético, mas nada mais distante da realidade. O método Pilates é totalmente o contrário das definições anteriores. Como toda ciência e toda arte, para compreendê-lo e estudá-lo são necessários muita humildade, estudo contínuo e profundo, e muita prática com bom senso. E, como todo método, técnica ou ciência, este possui suas próprias leis, fórmulas, princípios, conceitos etc.

Hoje em dia, há inúmeras controvérsias acerca do que pode ser considerado como o autêntico método Pilates. Estas controvérsias têm um fator comum: o de confundir o público, e um claro interesse econômico, aproveitando o bom e popular nome desfrutado pelo método Pilates. Não pode haver controvérsias a respeito, já que a tradição autêntica e a história do método demonstram por si sós a inutilidade destas controvérsias.

O método e os estudos Pilates receberam o nome de seu inventor, Joseph Hubertus Pilates; como toda arte, recebe o nome do seu criador para designar a obra que fez. O método Pilates deveria designar os exercícios, princípios, conceitos etc., criados e praticados por seu criador, e por isso qualquer modificação – e há milhares delas, sem exagero da nossa parte –, adição, mescla, variação e alteração da ordem dos exercícios exclusivos e, o que é muito importante, do objetivo dos mesmos, trata-se simplesmente de outra coisa, não do método Pilates.

Em uma época em que a indústria do *fitness* está constantemente empenhada em lançar no mercado tendências novas, inovadoras e milagrosas, o método Pilates continua sendo uma fórmula de resultados constatados e indiscutíveis. Usa uma série de aparelhos que a indústria do *fitness* percebeu, com clareza, que geram grandes lucros através do marketing. Esta indústria lançou a idéia do método Pilates, junto com a formação de professores do método, às suas disposições financeiras, seguindo um plano elaborado. Por isso, existem no mercado muitas tendências de formação de professores que converteram a palavra Pilates em um híbrido: uma infinidade de estilos, mesclas e derivados, onde quase todos se proclamam os mais autênticos, além de a eles se somar a força dos meios de comunicação pouco sérios e igualmente interessados.

Como arremate, também existem tendências que afirmam terem atualizado e melhorado o método Pilates, já que, segundo eles, este já ficou obsoleto. Com um pouco de bom senso, o lógico para se poder modificar algo, seja uma técnica ou um método, é conhecê-lo muito bem; não se pode mudar algo que se desconhece, ou que se conhece superficialmente. Isto é pura pretensão. Diante das supostas atualizações, se uma pessoa conhece bem o método Pilates, compreende afinal que o corpo humano continua caminhando, trabalhando e se movendo, com as mesmas articulações, número de ossos e músculos, há milhares de anos. O método criado por J. H. Pilates baseia-se nesse movimento natural do ser humano mediante exercícios criados e constatados por ele mesmo, resultadando em sua obra. O ser humano, como corpo físico, não mudou, e as centenas de exercícios criados por este gênio continuam hoje em dia ajudando a melhorar milhares de pessoas com o método exatamente como ele o criou. Quando alguém conhece bem um método, sabe que a única coisa que pode melhorar é sua prática pessoal e, no caso de ser um professor, seu ensinamento a outras pessoas. A grande pergunta é: por que continuam chamando de método Pilates o que nem o próprio Pilates reconheceria como seu método, tal como se pratica e ensina hoje? Você pode consultar seus livros, fotografias, filmes e os testemunhos de pessoas que estiveram com ele. Por que, se o que estão ensinando em muitos lugares é tão maravilhoso, não o chamam com o nome de quem o "melhorou e atualizou"? A resposta é clara: necessitam do bom nome do método e do trabalho humilde e constante durante muitos anos de professores que levaram o nome de Pilates até onde ele está hoje. O tempo coloca cada coisa em seu lugar.

O método Pilates foi criado para se conseguir um corpo saudável, uma mente saudável e uma vida saudável. Se tivéssemos que definir Pilates com uma só palavra, diríamos que é *movimento*; se tivéssemos que defini-lo com duas palavras, diríamos que se trata de *movimento* com *controle*, e se o tivéssemos de fazê-lo com três palavras, estas seriam: *força*, *elasticidade* e *controle*.

Aplicar Pilates significa aplicar todo o método como foi concebido, de uma forma individual e não coletiva, utilizando, além disso, todos os aparelhos inventados por seu criador. Você pode ter aulas individuais em uma academia totalmente equipada, onde seus exercícios são integralmente supervisionados por um professor; depois, em casa, e também com a ajuda deste livro, pode complementar sua aula realizando os exercícios no colchonete.

4
COMO DISTINGUIR UM AUTÊNTICO PROFESSOR DO MÉTODO PILATES

Um professor do método Pilates deve dominar de tal forma o método que possa garantir seu resultado, ou seja, potencializar e guiar a capacidade do indivíduo de progredir constantemente, o que requer uma longa prática.

A formação do professor é de fundamental importância, e por isso é necessária, e exigida, uma sólida vivência do método, além de conhecimentos teóricos. Deve finalizar com êxito o programa completo de formação, em que estão incluídos todos os sistemas: principiante, básico, intermediário e avançado, e saber manejar todos os aparelhos. Se uma pessoa só conhece ou foi formada em um sistema ou um aparelho do método, ela não é um professor do método Pilates. Não se deve esquecer que Pilates é um método integral e, como tal, um bom professor deve conhecê-lo em sua totalidade.

Romana's Pilates™ é a marca que representa a Romana's Pilates LLc., que é uma companhia situada em Nova York. Foi criada em março de 2003 com o fim de servir como proteção legal da propriedade intelectual gerada por Romana Kryzanowska do legado de J. H. Pilates e Clara Pilates, assim como para poder transferir poderes legais a terceiras pessoas sobre esta propriedade legal.

Antes desta data, Romana Kryzanowska e Sari Mejía Santo trabalharam muitos anos no Pilates Studio® de Nova York. Devido a diferenças inconciliáveis, decidiram se separar e continuar o trabalho de preservação da pureza do método e criar o Romana's Pilates LLc. Hoje, na hora de fazer uma sessão de Pilates, se você estiver buscando autenticidade e o método em sua forma original, pode solicitar à academia ou ao professor o título expedido por Romana's Pilates LLc., com um número de série e assinado por Romana e Sari.

MESTRAS DO MÉTODO PILATES

Romana Kryzanowska e Sari Mejía Santo são as mais reconhecidas mestras do método. Expressamos nossa admiração e agradecimento pela fidelidade, trabalho e respeito com que têm sabido conservar em seu ensino a pureza do método.

Romana Kryzanowska

Em 1941, aluna da American School of Ballet em Nova York, ela teve sua primeira aula com Joseph Hubertus Pilates por recomendação de George Balanchine. A partir desse momento, sempre estaria muito próxima dos ensinamentos de J. H. Pilates e de sua esposa, Clara, e desde 1944 foi professora na academia original. Depois da morte de J. H. Pilates, Clara encarregou-a da tutela da academia e dos ensinamentos do mestre. Durante 60 anos, Romana Kryzanowska ensinou o método Pilates em todo o mundo, visitando universidades e dando conferências, assim como em sua própria academia, o Drago's Gym, em Nova York. Graças a ela pôde-se conservar o método Pilates em seu estado mais puro e original, tal como foi projetado por seu criador. Possui documentos, vídeos, cartas e centenas de fotografias que corroboram, além do seu indiscutível prestígio, a autenticidade de seus ensinamentos. Nos Estados Unidos tem seu próprio programa de formação para professores Romana's Pilates LLc. Junto com sua filha Sari Mejía Santo, colabora com outros países na formação de professores, como na Espanha, com El Arte del Control por J. H. Pilates®, Chile, Itália, Holanda, França México, Brasil, Austrália e Estados Unidos.

Sari Mejía Santo

Filha de Romana Kryzanowska, Sari conhece o método Pilates desde a sua infância. O próprio J. H. Pilates criou um bom número de exercícios especialmente concebidos para ela e para seu tipo de corpo. Completou sua carreira de balé clássico dançando como profissional na Europa e em diversas companhias de balé dos Estados Unidos, como bailarina e coreógrafa. É, com sua mãe, mestra de professores do programa de formação Romana's Pilates LLc., e a herdeira da tradição depois de Romana. Viaja por todo o mundo com o objetivo de ensinar o método a professores, ao mesmo tempo em que o ensina no Drago's Gym.

5
OS SEIS PRINCÍPIOS BÁSICOS

Você pode se sentir exaltado, ao se iniciar na prática do método Pilates, pelo modo com que os seis princípios básicos transformam um sistema de exercícios aparentemente simples em um completo e complexo mundo de puro movimento. Cada exercício foi concebido para integrar estes princípios. Por isso, no início, sem um professor que o supervisione, sua técnica pode ser irregular e os resultados infrutíferos. É necessário incorporar os princípios de uma forma correta e trabalhar os conceitos fundamentais até fluírem de forma natural e se converterem em hábito.

CENTRO DE FORÇA

O centro de força é definido como o "cinturão" (anterior e posteriormente falando) que se estende desde a base das costelas até a região inferior da pélvis. Constitui o pilar fundamental do método. Todo o trabalho começa a partir do centro e continua a partir dali. O centro suporta o tronco, ajuda a melhorar a postura, facilita movimentos equilibrados e afina o controle motor das extremidades.

Todos os movimentos se irradiam a partir do centro de força: fluem a partir do interior, do centro para fora. Respeitando outras disciplinas e técnicas, o centro, no método Pilates, é um centro físico e não místico. O desenvolvimento do centro de força ajuda a prevenir a dor nas costas e outras lesões, e implica menos fadiga.

CONCENTRAÇÃO

Para nos beneficiarmos completamente do trabalho, os exercícios devem ser realizados com concentração absoluta. É "a mente que guia o corpo". Os exercícios não devem ser executados de modo casual ou repentino, mas a mente deve se concentrar com o corpo em movimento. Ao realizar os exercícios, é fundamental ter consciência de todas as partes do corpo. Enfocando a concentração, consegue-se uma total consciência do corpo. Todas as partes do corpo estão interconectadas e influenciam uma à outra, de modo que aprender a se concentrar é essencial para aprender a controlar o corpo e a mente.

No método Pilates, estuda-se cuidadosamente o "trabalho da fundação". Cada exercício tem alguns objetivos e uma razão de ser. As pautas e instruções são fundamentais para se obter o êxito global de cada exercício; ignorar os detalhes supõe sacrificar o valor e o benefício da prática. A razão da necessidade de se concentrar é poder estar no comando de cada movimento, para assim realizar movimentos precisos e perfeitos.

CONTROLE

Quando o trabalho é realizado a partir do centro e com absoluta concentração, controla-se os movimentos executados sem permitir que os hábitos – quase sempre errados – ou a gravidade tomem conta deles. Joseph Pilates chamou seu método de A Arte do Controle, ou "contrologia". É importante conseguir o controle do corpo em movimento, da mente sobre o corpo e do padrão de respiração. Nada no método Pilates é casual; o controle é uma chave essencial para se conseguir a qualidade desejada do movimento, que tem de ser preciso.

PRECISÃO

Todos os exercícios têm uma estrutura clara, uma forma precisa e uma dinâmica adequada. Foram planejados com o objetivo de se obter o máximo benefício de cada um deles. Deve-se prestar muita atenção aos detalhes, já que a qualidade, nos movimentos, é mais importante que a quantidade. A precisão ajuda a aumentar o controle, além de combater hábitos e padrões de movimento não desejados. Pilates disse: "Concentre-se nos movimentos corretos cada vez que se exercita, ou os fará de maneira incorreta e eles perderão seu valor". A precisão ajuda a diminuir o risco de lesões, e por isso os exercícios avançados só são recomendáveis para os alunos que têm "precisão" na execução dos movimentos.

RESPIRAÇÃO

A respiração deve ser adequadamente coordenada com os movimentos. Joseph Pilates escreveu: "Antes de tudo, aprenda a respirar corretamente". Defendia que forçar a expiração completa era a chave para uma inspiração correta. A expiração é fundamental, pois expulsa o ar viciado dos pulmões, como quando "torcemos um pano ensopado de água". Normalmente, inspiramos no ponto de esforço e expiramos no relaxamento, embora esta regra possa mudar dependendo do tipo de exercício.

FLUIDEZ DE MOVIMENTO

Freqüentemente, a mestra Romana Kryzanowska define o método Pilates como "movimento fluido que emerge de um forte centro". Trabalhando interiormente a partir de um centro forte, os movimentos fluem para fora. Para obter a máxima fluidez, deve-se realizar o mínimo movimento, sobretudo nas transições dos exercícios. Cada um dos exercícios está ligado a outro; na verdade, não há nenhum momento em que o movimento cesse. Os exercícios são seqüências de movimentos brandos, sem procedimentos bruscos e com uma dinâmica específica. Nada deve ser demasiado rápido nem demasiado lento. Velocidade não significa bom ritmo, embora a lentidão possa chegar a ocasionar tensões.

O **ritmo** é a maneira harmoniosa de combinar e encadear as seqüências de movimentos com as pausas, acentos e diferentes tempos de cada exercício e entre um e outro.

6
SEIS CONCEITOS FUNDAMENTAIS

POSIÇÃO PILATES

O modo de ser de um homem é reflexo da sua atitude com respeito à vida; as tensões são efeito de uma pessoa que não se sustenta bem. Em geral, uma pessoa com boa postura mantém-se de pé de maneira fácil e elegante, sem exagerar nenhuma das curvas da coluna, e com a cabeça, o tronco e as pernas equilibrados, cada parte sobre a de baixo corretamente alinhada. Existe um eixo que se apóia em uma base sólida, que se mantém sem esforço na vertical e com uma postura ereta, estável e recolhida. Na posição Pilates, a pessoa deve se sentir esticada e alta, mas não rígida, com o peso uniformemente distribuído nos dois pés, e estes em uma posição em V, juntando os calcanhares e separando as pontas dos pés (o ângulo de abertura varia segundo a pessoa). Deve apertar as pernas uma contra a outra, como se estivesse fechando uma cremalheira a partir dos calcanhares.

As pernas devem ficar suavemente esticadas, com os músculos estendidos, os abdominais ligeiramente apertados e as costas comodamente retas e esticadas; o peso deve estar distribuído da maneira mais uniforme possível, nem demasiado para frente nem demasiado para trás. Devemos reconhecer que a postura depende da idade, da ocupação, do físico e da saúde do indivíduo. Corrigir a posição é de extrema importância, já que é a melhor maneira de começar a ativar o centro de força para suportar corretamente as costas.

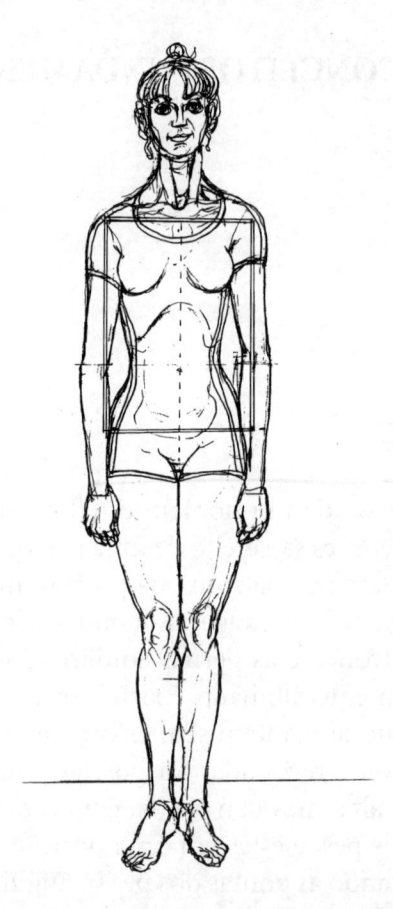

Quando você está de pé com a região lombar arqueada, os ossos dianteiros da pélvis caem muito para baixo; leve o ventre para dentro e para cima, dirija o cóccix para o solo e levante os ossos dianteiros da pélvis. Alongue a coluna inteira. Pense no equilíbrio correto da cabeça, que deve poder se mover livremente sobre o ponto mais alto da nuca, mantendo todo o alongamento da coluna.

A LINHA CENTRAL E "A CAIXA"

A linha central é a linha que divide o corpo em duas metades. O método Pilates trabalha em torno desta linha central. Podemos desenhar uma linha de ombro a ombro e de quadril a quadril; estas duas linhas retas correm perpendiculares à linha central. A interseção destas com outras duas linhas que, paralelas à linha central, unem o ombro ao quadril de cada lado, constituem os limites do que denominamos "a caixa". A caixa serve como referência para o resto do corpo e para o seu alinhamento correto. Tomando estas linhas como referência, você pode descobrir que ela se inclina sobre um único lado. Preste atenção e corrija qualquer desalinhamento da caixa. Trabalhar cada exercício do método Pilates dentro dos limites da caixa assegura o alinhamento correto e o controle das extremidades.

O UMBIGO NA DIREÇÃO DA COLUNA, "PARA DENTRO E PARA CIMA"

Em geral fala-se muito de "coluna neutral". A expressão coluna neutral refere-se à posição em que a coluna mantém suas curvas naturais; isto pode ser observado com facilidade quando se está de pé, mas quando o corpo está tombado e a gravidade intervém, a posição correta da coluna pode ser mais difícil de ser conseguida. Este conceito NÃO faz parte da técnica original e autêntica.

Existem dois erros muito comuns que devem ser evitados: um é remeter, que consiste em balançar a pélvis de maneira que a parte inferior se eleve e a superior aponte para baixo. Nos exercícios do método Pilates em que se indica que as costas devem ser mantidas retas sobre o colchonete, é preciso evitar que as nádegas se elevem provocando tensão nos músculos dos quadris. O outro erro é arquear, que ocorre quando os músculos abdominais não são fortes o bastante para suportar uma posição correta e, como conseqüência, a coluna se arqueia, soltando para fora os músculos do abdômen e encurtando os músculos da parte inferior das costas. As duas posições, remeter e arquear, são incorretas. Para conseguir um alinhamento adequado, você só deve estender a coluna ao longo do colchonete e se concentrar em senti-la toda em contato com ele, criando a menor distância possível entre o ventre e as costas, mas sem mover ou balançar a pélvis e alongando a zona lombar. Pratique empurrar o umbigo na direção da coluna enquanto continua respirando sem deixar que o ventre saia para fora.

O QUEIXO NA DIREÇÃO DO PEITO

Nos exercícios em que fica com o corpo plano sobre o colchonete, e com a cabeça e as extremidades elevadas, a posição da cabeça é vital para contribuir para eliminar a tensão do pescoço e concentrar o trabalho no centro de força.

O peso da cabeça se desloca para o peito, levando o queixo na direção dele e girando as vértebras cervicais. Se o queixo baixar muito e pressionar o pescoço, a posição, além de incômoda, será incorreta, enquanto deixar o peso da cabeça para trás provoca tensão no pescoço e um alinhamento incorreto da coluna. Leve o peso da cabeça na direção do peito, mantendo um espaço sob o queixo, e dirija o olhar para o umbigo para garantir o trabalho do centro de força e facilitar a concentração no mesmo.

ARTICULAR A COLUNA VÉRTEBRA POR VÉRTEBRA

A coluna é formada por uma série de ossos (as vértebras) que podem se mobilizar para melhorar a postura e, na realidade, esticar-se mais, e inclusive aumentar a estatura. Seja qual for o exercício de Pilates que esteja realizando, não deve fazer movimentos bruscos ou repentinos com as costas. Joseph H. Pilates não gostava de ver as pessoas fazendo movimentos abruptos com as costas, especialmente se ela estava reta, e sempre enfatizava que é preciso mover o corpo para cima e para baixo de forma suave e gradual, como se estivesse girando a coluna simulando o movimento de uma grande roda, vértebra por vértebra. Isto, embora demore algum tempo, fortalecerá suas costas e lhe evitará problemas e lesões no futuro.

Este conceito tem sua aplicação mais importante nos movimentos que, mais ou menos, se parecem com aqueles realizados em uma aula de ginástica, os chamados "abdominais".

Articular a coluna vértebra por vértebra implica que se deve trabalhar toda a coluna, movendo e separando cada vértebra e tentando rodar ao erguer o tronco e desenrolar ao baixá-lo. Pode ser que, ao enrolar e desenrolar a coluna, você sinta algumas zonas que se enrijecem com o movimento; são esses pontos rígidos que devem ser mais trabalhados e oxigenados para aumentar sua abertura e flexibilidade. Se não conseguir rodar completamente, faça-o somente até onde puder, e em caso de dificuldade utilize as mãos para se ajudar a continuar rodando o resto do tronco. Pense em crescer à medida que cada vértebra se estica por cima da anterior e aplique este conceito tanto para enrolar a coluna como para desenrolá-la; além disso, esta ação de rodar em um e outro sentido ajuda a limpar os pulmões, pois obriga a expulsar o ar impuro para inalar ar puro.

CURVA C

No método Pilates, não se trabalha com o conceito de ventre plano. Usando o centro de força trabalha-se os abdominais para que eles realizem sua função correta: sustentar o tronco, protegendo a coluna e a mantendo flexível. Anteriormente já falamos do conceito "umbigo na direção da coluna, para dentro e para cima", que aplicamos igualmente quando, ao pressionar o ventre para dentro contra a coluna e para cima forma-se uma curva côncava na forma de um

C, conseguindo mais espaço entre a cintura e os quadris e, com isso, mais espaço para os órgãos internos.

7
OS APARELHOS DE TREINAMENTO

Uma verdadeira academia de Pilates e, portanto, uma autêntica sessão do método, compõe-se sobretudo do trabalho nos aparelhos, além do trabalho no colchonete. As medidas exatas de todos os componentes destes aparelhos foram aperfeiçoadas pelo próprio Pilates, conseqüência da investigação e do desenvolvimento do seu método. Na hora de escolher uma academia Pilates, é extremamente importante que os aparelhos sejam verdadeiras réplicas dos modelos originais, pois do contrário os resultados nunca serão de modo algum parecidos com os obtidos com o trabalho nos aparelhos adequados. Com as imitações modificadas dos aparelhos se investe um tempo muito superior de treinamento para poder conseguir algum resultado similar ao que se consegue com os projetos iniciais.

Usando a lógica e o bom senso, pense em como este ponto pode ser importante: todos os exercícios imaginados e criados pelo próprio Pilates foram desenvolvidos e experimentados em seus aparelhos. Os aparelhos vêm a ser "a roupa sob medida" dos exercícios criados por Pilates.

Em seguida, vamos apresentar e descrever os aparelhos mais importantes de todos aqueles criados por J.H. Pilates para o desenvolvimento de uma sessão do seu método.

UNIVERSAL REFORMER

É, por excelência, o mais popular e, como seu nome indica, ajuda a "reformar", trabalhando de forma integral todo o corpo, desde a ponta dos pés até a cabeça.

É uma plataforma parecida com uma cama, com um carro deslizante composto por uma peça móvel para apoiar a cabeça e dois blocos para apoiar os ombros. Este carro se move ao longo da plataforma, na qual também existe a barra para os pés. O carro está preso à plataforma por algumas molas, que oferecem uma resistência variável e representam a função dos músculos. Trabalhando, controlando e esticando estas molas, o carro desliza com fluidez e os músculos se fortalecem, se alongam e tonificam sem criar um grande volume muscular. Os exercícios praticados no Universal Reformer são realizados em diversas posições: deitado, sentado, ajoelhado e de pé, e são executados com um número muito baixo de repetições.

Toda pessoa saudável que se inicie no método deve começar a sessão no Universal Reformer; só em casos excepcionais um principiante começará sua sessão com os exercícios do colchonete sobre o Cadillac, já que no colchonete é mais difícil, pois não se dispõe da ajuda das molas.

O CADILLAC

É uma plataforma em forma de cama cercada por uma moldura de metal, onde estão fixadas a barra de empurrar, a barra do trapézio, a barra de rolamento posterior e as molas para os braços e para as pernas, que têm uma resistência variável. Os exercícios executados neste aparato visam, principalmente, trabalhar as pernas, o abdômen, os quadris e o peito, e é, ao mesmo tempo, especialmente benéfico para pessoas que possuem costas pouco flexíveis.

Além disso, este aparelho foi projetado para evitar que as pessoas de idade avançada ou lesionadas tenham que se abaixar até o solo, já que tem a altura adequada para facilitar o desenvolvimento dos exercícios para este tipo de alunos.

CADEIRA ALTA

É um aparelho em forma de cadeira com um espaldar alto, duas barras, uma de cada lado, com asas para as mãos e um pedal fixado com duas molas para a resistência. É excelente para fortalecer o centro de força, os quadris, os glúteos, as pernas, os joelhos, os pés, o tendão de Aquiles e os braços, assim como para potencializar o controle e o equilíbrio.

CADEIRA WUNDA

Pilates criou este aparelho para as pessoas que não podiam ir com freqüência à sua academia, mas possuíam algumas bases muito sólidas do seu método. É a academia caseira original, que pode ser usada como uma cadeira comum quando não estiver sendo utilizada para o exercício.

É um dos aparelhos mais desafiadores, já que exige um conhecimento avançado do método. É de grande ajuda para fortalecer o centro de força, além de trabalhar a coluna, os quadris, os glúteos, as pernas, os pés e o equilíbrio.

BARRIL GRANDE

A estrutura do Barril Grande foi planejada para ajudar a trabalhar com o alinhamento correto do corpo. O trabalho no Barril Grande se concentra em fortalecer o centro de força e o tronco, além de alongar a coluna, os quadris e as pernas. É um aparelho imprescindível para realizar alguns exercícios do sistema intermediário, e é excelente para praticar e introduzir alguns exercícios avançados que mais tarde são realizados no Universal Reformer.

CORRETOR DA COLUNA E LITTLE BARREL

O Little Barrel e o Corretor da Coluna são aparelhos que demandam um centro de força rijo, e por isso você tem que se assegurar de estar preparado para trabalhar neles. Utilizando o centro de força, os dois aparelhos trabalham as costas e os quadris para corrigir a postura e o movimento. Ajudam a melhorar a respiração, desinchar os quadris, afinar os músculos e trabalhar a simetria, além de serem excelentes para pessoas que sofrem de escoliose e osteoporose. Com freqüência, o Little Barrel é usado para os alunos mais delicados ou de menor estatura, enquanto o Corretor da Coluna é utilizado pelos alunos mais altos.

PEDI-POLE

É um poste em forma de T muito comprido, com uma base sólida e duas molas enganchadas em cada extremidade do T. Este poste foi projetado para representar a coluna vertebral, o que permitirá alinhá-la no centro para trabalhar e potencializar a simetria e a coordenação. Não é um aparelho para principiantes, mas, não obstante, deve-se preparar o aluno para trabalhar nele. Normalmente, os homens começam a trabalhar no Pedi-pole antes das mulheres. Ele fortalece o centro de força e trabalha a postura, o alinhamento, a coordenação, o controle, a respiração e o equilíbrio, além de ser de grande ajuda para cantores, bailarinos e ginastas.

CÍRCULO MÁGICO

O Círculo Mágico foi projetado, em princípio, para mulheres grávidas que já conheciam o método. A partir do quinto mês de gestação, quando não podem realizar muitos exercícios, beneficiam-se do trabalho com o Círculo Mágico, realizando exercícios nas posições deitada, sentada e de pé. Não é um aparelho para principiantes, pois deve-se trabalhar a partir do centro de força, e embora ajude a fortalecer os músculos internos da pélvis, o peito e os braços, não se deve cair na tentação de utilizá-lo precipitadamente. Também os alunos mais avançados podem aumentar a dificuldade dos exercícios do colchonete com o uso deste pequeno aparelho, tornando mais desafiadora a sua rotina de exercícios.

SEGUNDA PARTE

INICIANDO-SE NO AUTÊNTICO MÉTODO PILATES

1
ANTES DE COMEÇAR OS EXERCÍCIOS NO COLCHONETE

Nossa intenção é que, com a ajuda deste livro, você tenha em casa um repertório de exercícios, uma ordem, algumas advertências e algumas recomendações específicas, de maneira que possa, se não lhe for possível ir a uma academia ou se deseja complementar sua sessão privada com um colchonete em casa, desfrutar deste método como uma ferramenta de trabalho corporal. É sempre muito recomendável consultar um professor que o assessore em seu programa individual.

A pedra angular do método Pilates é encontrar e consolidar o centro de força. Empreenda esta aventura com um desejo de melhorar, um espírito positivo e uma vontade firme.

A importância das instruções e dos detalhes enumerados em cada exercício poderia ser resumida nesta frase do próprio Pilates: "O desenvolvimento dos pequenos músculos incide no dos maiores. Assim como são usados tijolos pequenos para construir grandes edifícios, cada músculo é importante para o desenvolvimento do sistema muscular como um todo".

Reserve um tempo em que ninguém o incomode. O exercício é mais benéfico e agradável quando a mente está totalmente conectada com o corpo. Concentrar-se alguns momentos no centro de força, no controle, na precisão, na fluidez de movimento e na respiração é muito mais benéfico para poder alcançar a sensação de bem-estar e aumento da auto-estima através do movimento. Não busque um êxito concreto.

Faça cada movimento segundo sua habilidade, usando sempre o bom senso, mas não vá além dos seus limites. Lembre-se de que deve estar o tempo todo no comando.

Vá introduzindo os exercícios pouco a pouco, sem se angustiar. Não se esqueça de que este método, como é apresentado neste livro, é o resultado de toda uma vida de investigação, e para que tenha um sentido e os resultados sejam ótimos devemos seguir as recomendações indicadas. Pratique sem pressa e com diligência um a um dos exercícios, aprendendo bem cada um antes de passar para o próximo, até conseguir realizar a série de exercícios do sistema básico até o mais mínimo detalhe e sem recorrer ao texto. Fazer exercícios sem entender as condições prévias que eles requerem é infrutífero. No início, sempre escapam alguns detalhes (inclusive quando pensar que sabe fazer um exercício, sempre poderá melhorar se revir as instruções).

Este será o momento adequado para se propor a realizar toda esta série do sistema básico três vezes por semana em dias alternados. Quando conseguir realizá-la com certa soltura e fluidez, então poderá começar a acrescentar exercício por exercício na ordem determinada, não acrescentando mais de dois exercícios novos por dia, e sem repetir nenhum exercício mais vezes do que aquelas recomendadas.

Se você é principiante, deve começar o trabalho no colchonete em casa, não excedendo quinze minutos por dia; vá introduzindo novos exercícios paulatinamente, até aumentar a duração, que não deve superar quarenta e cinco minutos ou, no máximo, uma hora.

Você pode medir o seu progresso de duas formas: realizar uma sessão mais longa de colchonete, como resultado de acrescentar mais exercícios ou ganhar em dinâmica e ritmo, sem sacrificar o controle e o conhecimento, fazendo um sistema mais curto no tempo.

PRECAUÇÕES ANTES DE COMEÇAR, ADVERTÊNCIAS AO LEITOR

- Realize os exercícios sobre um colchonete para proteger a coluna.
- Se for necessário – porque, uma vez que está deitado sobre as costas, a cabeça pode estar demasiado inclinada para trás e você pode se sentir desconfortável – use uma pequena almofada ou uma toalha dobrada para apoiar a base da nuca.
- Recomenda-se usar, durante o treinamento, uma roupa cômoda. Lembre-se de que você também respira pelos poros da pele. Treine descalço ou de meias.
- Evite comer muito pelo menos uma hora antes da sessão de treinamento.
- Paciência, perseverança e constância são suas companheiras para o progresso.
- É importante que saiba que, para poder realizar os exercícios do sistema avançado, deve ter um forte centro de força e, sobretudo, NÃO sofrer nenhuma dor aguda ou lesão.
- Trabalhe em silêncio para "escutar" suas necessidades, dificuldades e progressos no trabalho.

RESPIRAR PELO NARIZ

O nariz filtra, hidrata, dirige o ar para os pulmões, o aquece, registra o sentido do olfato, traz oxigênio, cria o muco, mantém um caminho de escoamento dos seios da face e influência o sistema nervoso. A respiração e a mente são interdependentes; se uma pessoa prende a respiração, sua mente começa a se colocar em alerta; se a respiração for irregular e acidentada, a mente torna-se mais dispersa. O domínio da respiração fortalece a mente e ajuda a concentração.

Pilates costumava dizer que, "para respirar corretamente, devemos inspirar profundamente e depois expirar todo o ar dos pulmões, como se torcêssemos um pano molhado".

TREINAR EM CONDIÇÕES ESPECIAIS

Como norma geral, quando existem lesões ou problemas físicos, trabalha-se com o cuidado de não exercer pressão sobre a zona afetada; no entanto, sempre que a doença permitir alguma mobilidade, no método Pilates, depois de anos de experiência com resultados positivos, acreditamos ser necessário continuar movendo o corpo e trabalhar para manter o equilíbrio muscular correto e um bom alinhamento, que normalmente se perde quando há lesões, e amiúde são causadores delas. Além disso, o método concentra o trabalho principalmente nas articulações, protegendo e fortalecendo os tendões e os ligamentos e favorecendo a irrigação sangüínea, conseguindo com isso uma melhora global.

No caso das pessoas que precisam de um tratamento especial para recuperar a saúde, é imprescindível seguir um sistema completo de movimentos supervisionados até que sua saúde melhore consideravelmente; só então podem se tornar independentes e fazer os exercícios sozinhas. Quando for preciso introduzir modificações no sistema previamente estabelecido, é necessário supervisionar as mudanças, na medida em que cada indivíduo o requeira. Por isto, é fundamental compreender que a prática independente desta Arte do Controle, embora se trate de um objetivo muito desejável, até certo ponto pode ser conseguida.

Se já tem dores e mal-estar em alguma parte do corpo, tem de ter um cuidado especial; uma dor aguda é sempre sinal de alarme e é aconselhável consultar seu médico a respeito da questão de realizar sem supervisão os exercícios apresentados neste livro. Em seguida, nós indicamos algumas modificações e conselhos. Lembre-se de que todos os exercícios devem ser realizados, SEMPRE, sem dor.

Pescoços frágeis ou delicados

Se você tem o pescoço delicado, coloque uma pequena almofada sob a nuca. Se, quando está deitado, levantar a cabeça é doloroso, deixe-a apoiada. Com o tempo, se for possível, erga-a durante alguns instantes e volte a descansá-la quando notar que está fazendo esforço demasiado. Use sempre o centro de força, e não o pescoço, para levantar a cabeça. Evite exercícios em que seja imprescindível levantar a cabeça ou que impliquem pressão sobre os ombros ou o pescoço.

Ombros, cotovelos ou pulsos

Nos três casos é aconselhável não levantar peso, e também não exercer pressão. As lesões e incômodos nos ombros costumam estar muito relacionados com o pescoço, e vice-versa. É provável que precise colocar uma pequena almofada e repousar a cabeça. Com os problemas de ombros, vigie a amplitude de movimento dos braços e trabalhe com cuidado, fazendo movimentos menores. É importante manter, o tempo todo, um alinhamento correto nas articulações.

Costas

Concentre-se em empurrar o umbigo na direção da coluna vertebral. Quanto mais você estreitar o espaço entre o ventre e a coluna, mais protegidas estarão suas costas. Se elas estiverem lesionadas, realize apenas os exercícios em que conserve a coluna plana e alongada, seja na posição deitada ou sentada. Não faça exercícios que impliquem a torção da coluna. Os exercícios em que fique deitado sobre o estômago são considerados os mais inseguros e não são recomendados. Se você sente fadiga com freqüência, é aconselhável trabalhar com as pernas flexionadas e separadas paralelamente à amplitude dos quadris, conservando o alinhamento correto com os pés, os joelhos e os quadris, em vez de juntar as pernas.

Quadris

Os problemas de quadril podem limitar o grau de inclinação do corpo para frente; no caso de realizar este movimento, faça-o com cuidado e sem provocar dor. Evite exercer pressão ou forçar a articulação, e quando trabalhar com as pernas levantadas, experimente amolecer ou afrouxar os joelhos. Assim como nos casos de costas delicadas, pode-se trabalhar com as pernas em posição paralela.

Joelhos

Evite aquelas posições nas quais tenha de estar ajoelhado, nas quais pressione, estique ou dobre a perna completamente ou estenda excessivamente os joelhos. Também se recomenda trabalhar com as pernas um pouco flexionadas. Preste atenção na simetria e no alinhamento das pernas; com freqüência, a dor nos joelhos pode ser conseqüência de má postura. Trabalhar com as pernas paralelas pode ser mais recomendável inicialmente, embora nem todas as pessoas possuam a mesma anatomia.

Tornozelos

Evite ajoelhar-se ou sentar-se sobre os pés, e não exerça pressão. Não flexione nem estire demasiado os pés, e cuide todo o tempo do alinhamento correto com a perna durante a realização dos exercícios.

Gravidez

Se não praticou o método Pilates antes da sua gravidez, NÃO deve iniciar-se agora no método; se, ao contrário, já for uma veterana no método, pode continuar praticando, embora com algumas mudanças. Como norma fundamental, todos os exercícios em que esteja deitada sobre o ventre devem ser excluídos da rotina de exercícios desde o início da gravidez. Durante esta, existe a possibilidade de modificar alguns exercícios. O método Pilates é ideal como ginástica pós-parto, mesmo que jamais o tenha praticado; pode começar os exercícios assim que o médico permitir.

2
A SER LEVADO EM CONTA

A HIPEREXTENSÃO DAS ARTICULAÇÕES

Com a intenção de se mover de uma maneira simples, alongando e esticando o corpo a partir de um "centro firme", tenderá, ao estender os braços e as pernas tanto quanto possível, a tensionar e a bloquear as articulações dos cotovelos e dos joelhos. Esta reação pode interferir no movimento livre e levar a uma flexão exagerada ou à hiperextensão, o que pode ocasionar lesões. Assegure-se de que estica as extremidades sem bloqueá-las, evitando a hiperextensão. O conceito de alongar sempre se firmando na articulação fará com que consiga um alinhamento, mas é necessário tentar não bloquear as articulações. Os braços são esticados alongando-os fora dos ombros, e as pernas e os pés, alongando-os fora dos quadris. Leve em conta que "não tensionar não significa relaxar".

AS POSIÇÕES DOS PÉS

Assim como a cabeça, os pés são uma parte da anatomia que era freqüentemente esquecida nas instruções de exercícios verbais e escritos. As posições dos pés são muito importantes na hora de executar os movimentos para obter os benefícios esperados.

Quando falarmos de esticar os dedos dos pés nos exercícios que propomos, diremos "esticar os dedos dos pés suavemente". Isto significa que deve esticar os dedos dos pés de forma a não produzir uma sensação de tensão ou rigidez nos pés. Não crispe os dedos, já que isto interfere no uso apropriado das pernas. O pé é esticado de maneira a continuar prolongando a linha da perna.

A outra posição dos pés importante no método Pilates é "flexionado" ou, o que dá no mesmo, o contrário de esticado. Pense que quando os pés estão esticados, os dedos são a parte mais distante da cabeça, e quando estes estão flexionados são os calcanhares que devem ficar mais distantes da cabeça.

Quando os exercícios requererem a flexão dos pés, concentre-se em estender para fora os calcanhares, como se quisesse alongar mais as pernas fora dos quadris.

QUALIDADE/QUANTIDADE

A meta imediata no método Pilates nunca é fazer um certo número de exercícios, ou determinado exercício um grande número de vezes; costumamos dizer que "menos é mais". O importante não é o que se faz, mas como se faz. Em todos os exercícios indica-se um número mínimo e máximo de repetições, já que ao trabalhar de uma forma precisa e controlada é desnecessário realizar um número maior de repetições do que aquelas indicadas, pois isto extenuaria os músculos.

Se estiver cansado ou com pressa, não tente realizar todo o seu programa de exercícios; faça, no máximo, dois ou três exercícios, mas com total concentração.

POSITIVIDADE/PERSEVERANÇA

Joseph Hubertus Pilates costumava dizer que não existem máquinas nem livros nem pessoas que possam nos mudar; este é um compromisso que só podemos firmar conosco mesmos. "Paciência e perseverança são as qualidades vitais para o êxito." Durante a sessão é importante uma atitude mental positiva. Os aspectos mentais, espirituais e físicos de uma pessoa são inseparáveis entre si.

Um desejo de mudança com pensamentos positivos é melhor do que se refugiar nas deficiências que o levaram à sua situação atual. As mudanças são obtidas de dentro para fora.

Dar o melhor de si é um conceito que não tem nada a ver com a competição. Você não está competindo em nenhum momento com ninguém. Não pode competir sequer com o que realizou na sua última sessão ou em qualquer outro momento. O que deve fazer é colocar toda a sua atenção e todo o seu esforço em executar cada movimento com o maior grau de controle e precisão possíveis.

Sempre é possível melhorar. Pilates traz bem-estar, energia e melhora da sua auto-estima através de um trabalho disciplinado.

3
EXERCÍCIOS PRÉ-PILATES

Nestes exercícios é essencial concentrar-se no centro de força e fortalecê-lo para facilitar a execução dos exercícios dos três sistemas do método. Estes exercícios vão ajudá-lo a compreender a base do método Pilates e a tomar consciência da sua postura para poder realizar os movimentos no colchonete de uma maneira precisa, eficaz e segura.

◆ EXPLORANDO O CENTRO DE FORÇA

Posição inicial

Deite-se com as costas sobre o colchonete com as pernas esticadas, os pés juntos e os braços estendidos junto ao corpo, com as palmas das mãos sobre o colchonete. Sinta as costas tão planas quanto possível contra o colchonete. Certamente haverá um espaço entre a zona lombar e o colchonete. Coloque uma das mãos neste espaço.

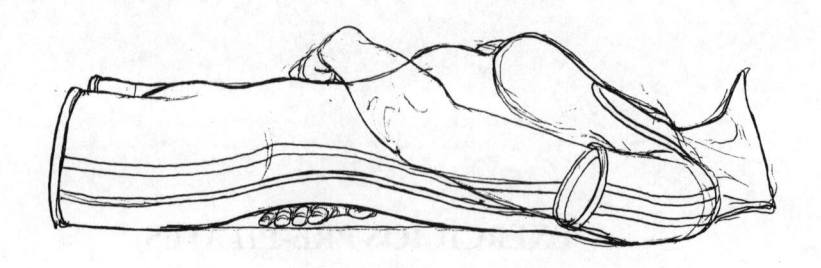

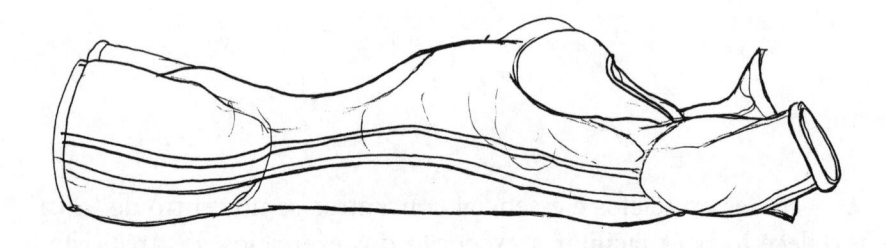

Movimento

Aperte as costas contra a mão e concentre-se nos músculos que utiliza; tire a mão e volte a colocar o braço estendido junto ao corpo. Aperte as costas contra o colchonete e elimine o espaço existente. Volte, pouco a pouco, à posição natural. Repita este exercício mais duas ou três vezes.

◆ **EMPURRANDO O UMBIGO NA DIREÇÃO DA COLUNA**

Posição inicial

Comece deitado sobre as costas. Sinta as costas relaxadas e empurre o ventre para dentro, como se tivesse um grande peso sobre o estômago. Respire naturalmente. Agora, visualize o umbigo com um cordão imaginário que atravesse até a coluna.

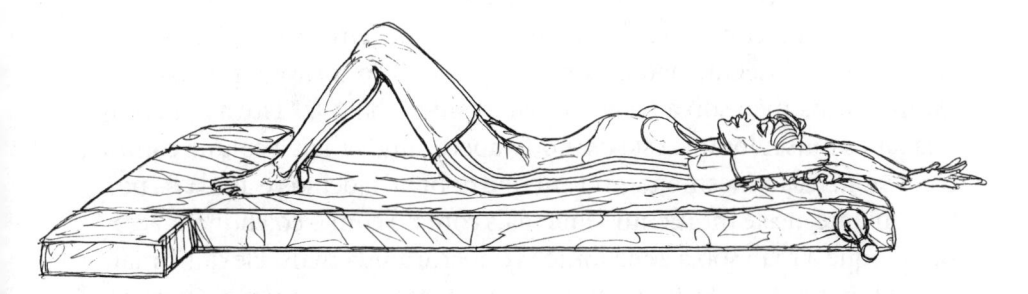

Movimento

Enquanto "empurra" o umbigo na direção da coluna, tensione o cordão imaginário. Respire naturalmente, sem permitir que o ventre saia para fora. Relaxe as costelas. Pense em tocar a coluna com o umbigo. Concentre-se nos músculos abdominais. Volte gradualmente à posição natural. Repita este exercício mais duas vezes.

Flexione os joelhos e agora tensione o cordão imaginário, enquanto "empurra" o umbigo na direção da coluna e continua respirando naturalmente, sem permitir que o ventre saia para fora. Sinta-se o mais esticado que puder. Relaxe gradualmente os músculos abdominais. Repita este exercício mais duas vezes.

◆ EMPURRANDO A COLUNA NA DIREÇÃO DO COLCHONETE

Posição inicial

Empurrar a coluna na direção do colchonete é outra frase muito importante que muito freqüentemente é combinada com empurrar o umbigo na direção da coluna.

Continue deitado, com as pernas esticadas e os pés juntos. Mantenha os braços junto ao corpo.

Movimento

Como foi visto anteriormente em *Explorando o centro de força*, aperte as costas contra o colchonete até elas ficarem o mais planas possível. Pense conseguir não deixar o ar passar. Comprove a posição colocando uma mão sob a zona lombar e tente achatá-la. Tire a mão sem relaxar os músculos que está usando e aperte ainda mais a coluna contra o colchonete, ao mesmo tempo em que dobra os joelhos e apóia os pés. Certamente, neste momento sente mais contato com o colchonete. Agora, coloque a mão sob a zona lombar e aperte ainda mais. Flexione mais os joelhos e sinta as costas inteiramente coladas ao colchonete. Apertando fortemente o umbigo na direção da coluna, erga os pés do colchonete e estique as pernas juntas alongando-as na direção do teto. Mantenha as costas contra o colchonete e respire normalmente. Mantendo as costas imóveis, baixe as pernas um pouco na direção do colchonete.

Se notar que as costas se despregam do colchonete, dobre as pernas e, sem se precipitar, relaxe gradualmente a posição. Trabalhe o centro de força.

No princípio, é muito provável que tenha de manter as pernas bastante altas, mas não se preocupe com isso. O importante é que tenha consciência do nível a que pode descer as pernas, controlando e mantendo comodamente a posição das costas coladas ao colchonete; com o tempo, estará mais forte e poderá conseguir descer as pernas ao nível dos olhos.

◆ ESTICANDO A NUCA/ LEVANDO O QUEIXO NA DIREÇÃO DO PEITO

Um dos erros mais comuns ao praticar determinados movimentos consiste em tensionar os ombros e o pescoço. Para evitar isso, é importante que se concentre em esticar a parte posterior do pescoço, alongando e criando mais espaço entre cada uma das vértebras cervicais; para conseguir isso, deve pressionar a nuca contra o colchonete, caso se encontre deitado de costas ou, se estiver sentado,

Exercícios pré-Pilates

apontar o alto da cabeça para o teto. Desta forma, conseguirá relaxar os músculos do pescoço e dos ombros, o que lhe permitirá, ao mesmo tempo, concentrar-se no centro de força.

Posição inicial

Deite-se de costas com as pernas esticadas, os pés juntos e os braços junto ao corpo com as palmas das mãos sobre o colchonete. Empurre a coluna na direção do colchonete e o umbigo na direção da coluna. Respire normalmente.
Preste atenção na posição da cabeça e do pescoço. Certamente, a cabeça estará para trás e o pescoço arqueado, porque os músculos estarão encurtados.

Movimento

Leve a cabeça para frente e estique o pescoço, enquanto tenta alongar a parte posterior na direção do colchonete. Pense em se aproximar e manter contato entre o colchonete e a base do crânio. Isto levará o queixo, automaticamente, na direção da garganta. Relaxe o peito e os ombros. A posição mais correta da cabeça e do pescoço produz a sensação de alongar ou esticar o pescoço. Quando às vezes sugerimos esta posição, o fazemos indicando que "alongue ou estique o pescoço". Outra frase importante que costumamos utilizar é "pressione a base da nuca contra o colchonete".

Progressão: levando o queixo na direção do peito

Em muitos exercícios do método Pilates, tomando como base o movimento do exercício anterior, *Esticando a nuca*, passa-se a erguer a cabeça do colchonete. O movimento é sempre iniciado a partir do centro de força, e não a partir dos músculos do pescoço e dos ombros. Pode praticar erguer a cabeça da seguinte forma: inspire, aperte o ventre na direção da coluna, utilize os braços e as palmas das mãos para abrir o peito, os ombros e achatar a coluna. Expire, leve o queixo na direção do peito e eleve a cabeça enquanto desliza e alonga os braços para frente sobre o colchonete. Inspire, segure o ar enquanto conta até três nesta posição elevada e, finalmente, desça a cabeça até a posição inicial, girando as vértebras cervicais ao mesmo tempo que expira. Repita este movimento mais duas ou três vezes.

◆ **ATIVAR/ RECOLHER/APERTAR OS GLÚTEOS**

Os glúteos fazem parte do centro de força. Ativar, recolher ou apertar os glúteos faz parte de muitos exercícios do método Pilates.

Trata-se de um pequeno movimento que você pode praticar em qualquer lugar.

Posição inicial

Pode-se realizar este exercício estando de pé, embora também possa fazê-lo deitado de costas, quando estiver sentado e até deitado de bruços.

Movimento

Empurre o ventre para dentro e para cima e aperte as nádegas como se quisesse prender uma moeda. Se estiver de pé, os músculos devem girar ligeiramente para fora, e a parte anterior da pélvis deve se inclinar ligeiramente para cima.

Pratique este movimento para se familiarizar com a sensação do que denominamos de "apertar as nádegas" ou "recolher os glúteos".

◆ 5-10-15

OBJETIVOS: estabilizar as costas e a cintura pélvica; fortalecer o centro de força, os glúteos e a parte interior das pernas; trabalhar o alinhamento corporal correto.

Posição inicial

Deite-se de costas com as pernas dobradas, os pés apoiados no colchonete e os braços esticados ao lado do corpo, com as palmas das mãos para baixo. Tente colocar as costas retas de uma maneira confortável, o peito e os ombros relaxados e "abertos", e o queixo ligeiramente para dentro, sentindo a parte posterior da nuca esticada. Mantenha o corpo bem alinhado: uma linha horizontal de ombro a ombro e outra linha de quadril a quadril, sendo estas duas linhas paralelas entre si. Concentre-se na caixa e na linha central do corpo.

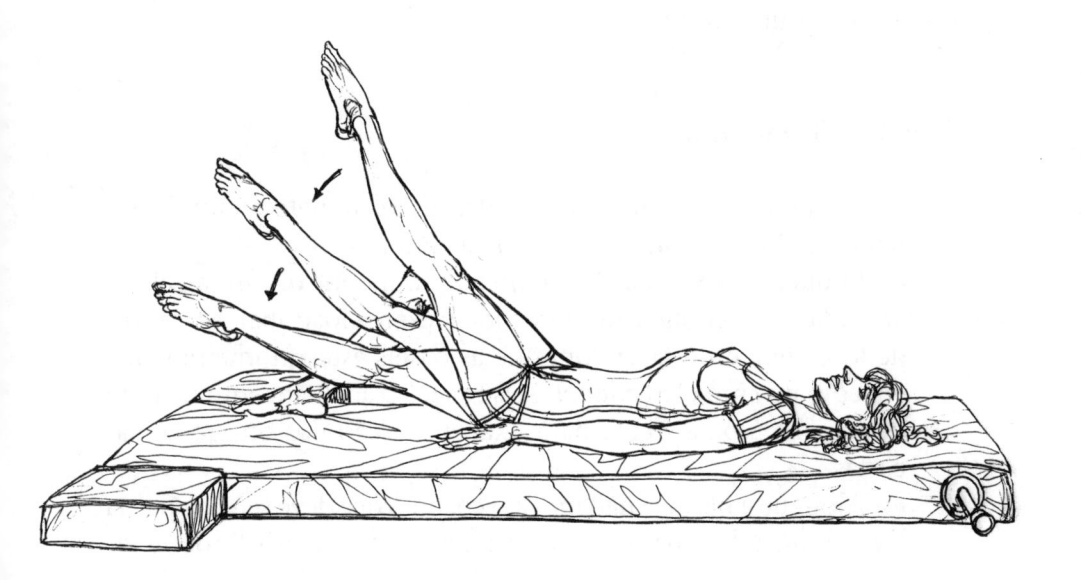

Movimento

Flexione um joelho até o peito e estenda-o na direção do teto sem mover o resto do corpo. Rode a perna ligeiramente para fora, a partir da articulação do quadril, para que o calcanhar fique na linha central do corpo. Leve a perna estendida junto ao joelho que está flexionado no solo, juntando com força um joelho contra o outro, sentindo como a parte interior das pernas trabalha, segurando a perna a partir da articulação do quadril e a alongando. Mantenha-se nesta posição enquanto conta até cinco, alongue a perna esticada e a baixe juntando o joelho à panturrilha, mantenha esta posição enquanto conta outra vez até cinco, depois baixe a mesma perna até o tornozelo, e mantenha esta posição enquanto conta mais uma vez até cinco.

Repita com a mesma perna, começando com a posição de joelho com joelho, mas agora segurando cada uma das três posições enquanto conta até dez. Repita a mesma coisa, mas agora contando até quinze. A respiração é livre e natural durante todo o exercício. Para terminar, flexione novamente o joelho e apóie o pé no solo. Repita todo o processo com a outra perna.

A ser levado em conta

- Mantenha as costas retas contra o colchonete e empurre o tempo todo o umbigo na direção da coluna.
- O queixo deve estar ligeiramente para dentro. com a cabeça apoiada no colchonete durante todo o exercício; trabalhe o centro de força tentando fazer com que as costas estejam inteiramente em contato com o colchonete. Os braços trabalham empurrando para baixo e para frente para fixar a posição dos ombros e das costas.
- Alongue a perna e não mova o corpo. Você deve sentir a perna leve, alongando-a para fora da articulação do quadril. Se observar que, ao baixar a perna, não controla as costas coladas no colchonete, baixe a perna somente até o ponto em que possa controlar, sem sentir a tensão nas costas.

◆ **RODAR PARA BAIXO**

REPETIÇÕES: 4 a 6.
OBJETIVOS: relaxar, articular e esticar a região lombar da coluna; fortalecer os abdominais; trabalhar o alinhamento.

Exercícios pré-Pilates

Posição inicial

Comece sentado, com as pernas dobradas juntas, e coloque os pés apoiados no solo ou flexionados sob um sofá (ou outro lugar que permita enganchar os pés, utilizando uma pequena toalha para protegê-los). Agarre-se às pernas por trás dos joelhos, mantendo os cotovelos abertos e voltados para cima. Coloque os ombros acima dos quadris. Mantenha as pernas apertadas uma contra a outra. Leve o queixo até o peito.

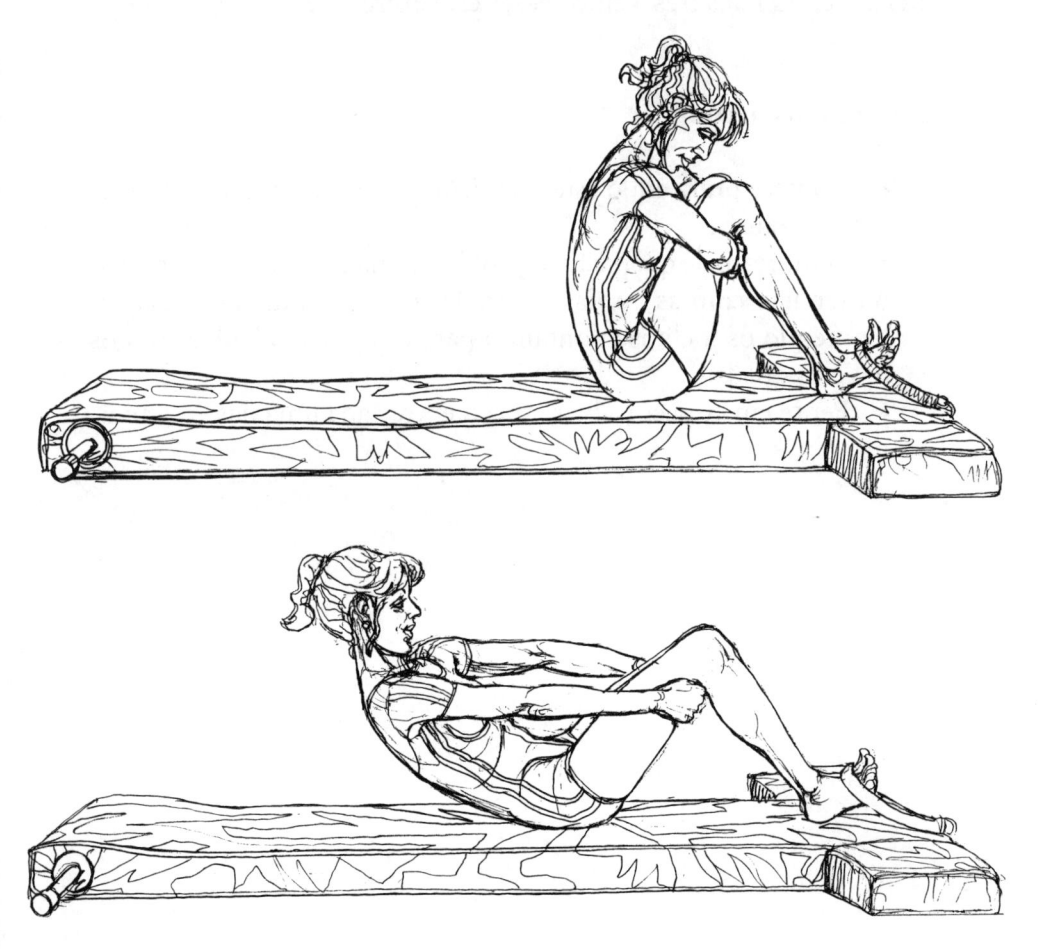

Movimento

Eleve-se acima da cintura e empurre o umbigo na direção da coluna. Inspire e, sem mover as mãos, deixe rodar a parte inferior das costas sobre o colchonete, sem perder o prumo. Gire para baixo até os cotovelos ficarem esticados. Concentre-se em articular as vértebras. Mantenha esta posição e o ar nos pulmões, enquanto conta até três.

Inverta o movimento e, expirando, faça girar de novo a coluna para cima. Se for necessário, ajude com as mãos para subir à posição inicial. Repita mais três a cinco vezes este exercício.

A ser levado em conta

- Comece praticando este exercício como preparação para articular a coluna.
- Lembre-se de que, se tiver problemas na coluna, pode praticar o exercício com as pernas separadas na amplitude dos quadris, mantendo os joelhos apontando para o teto e alinhados com os pés e os quadris.
- Pense em crescer e abrir espaço entre cada uma das vértebras.

4
EXERCÍCIOS PRÉ-PILATES SENTADOS

◆ **ELEVAR-SE ACIMA DOS QUADRIS**

Posição inicial

Sente-se em uma cadeira ou tamborete com as pernas separadas na amplitude dos quadris e de tal forma que os joelhos formem um ângulo reto em relação aos quadris e aos pés. Se necessário, pode colocar um livro ou um catálogo telefônico sob os pés. Deve evitar que os joelhos estejam mais altos que os quadris. Erga bem as costas, com os ombros bem acima dos quadris e os braços esticados perto do corpo ou, para um desafio maior, cruzados diante do peito com os cotovelos levantados.

Movimento

Coloque o ventre para dentro e para cima. Pressione o solo com os dois pés enquanto, apertando as nádegas, se eleva sobre os quadris, como se quisesse se levantar do assento. Esteja consciente dos músculos que está usando. Mantenha-se nessa posição enquanto conta até três. Sem perder o prumo, relaxe gradualmente os músculos. Pode repetir este exercício mais três vezes.

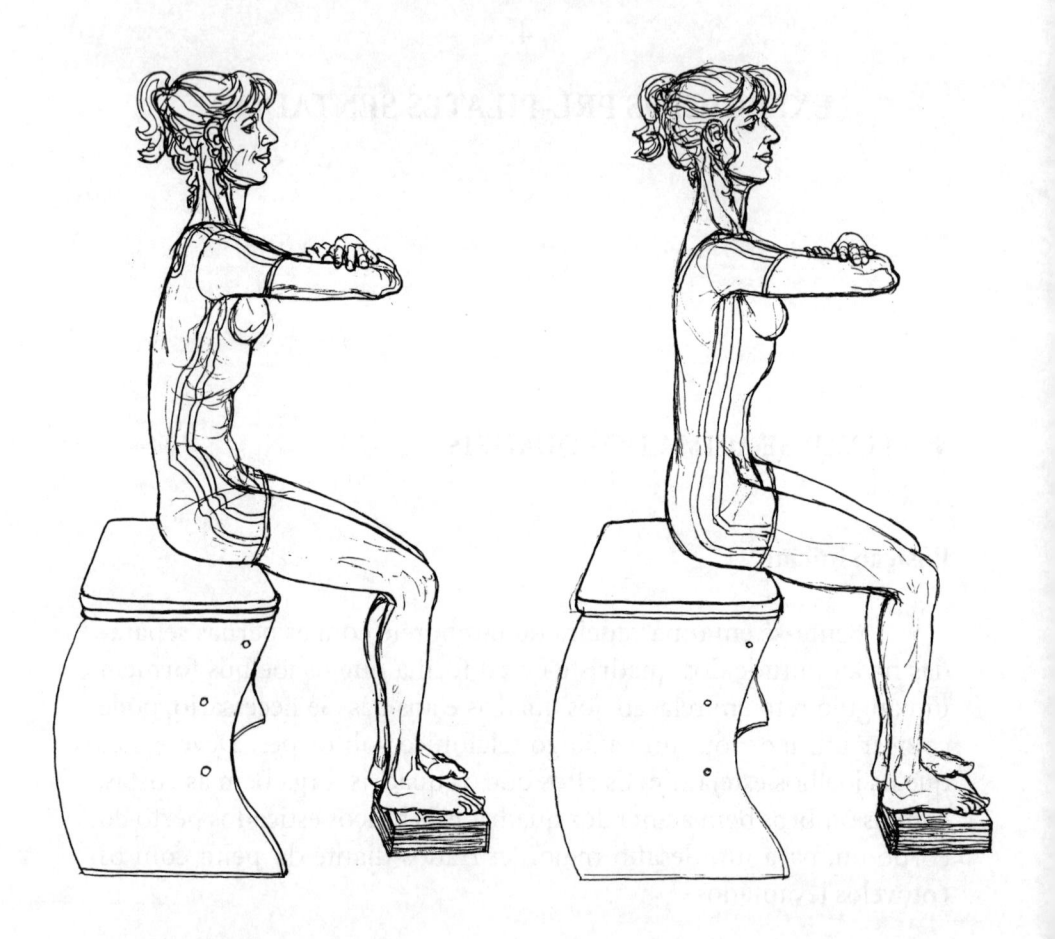

◆ ERGUER UM JOELHO

Posição inicial

     O exercício anterior, *Elevar-se acima dos quadris*, é a posição inicial deste exercício.

Movimento

Levante um pé do solo e erga o joelho em direção ao teto. Mantenha os joelhos corretamente alinhados com relação aos quadris e aos pés. Não mova o corpo e evite que o tronco se incline para o lado da perna apoiada, para frente ou para trás. Mantenha a caixa bem alinhada. Segure a posição enquanto conta até três e, sem perder o prumo, apóie o pé levantado no solo. Repita o movimento com a outra perna.

Pode realizar o exercício um total de três vezes com cada perna, alternando sempre o trabalho das pernas.

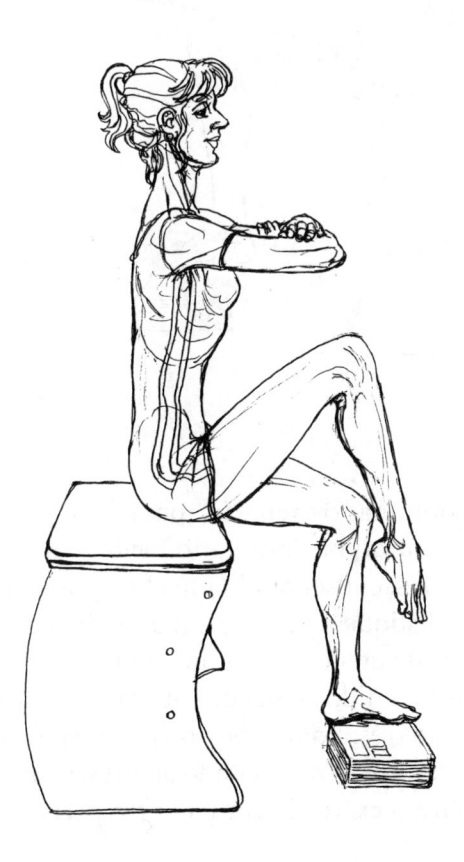

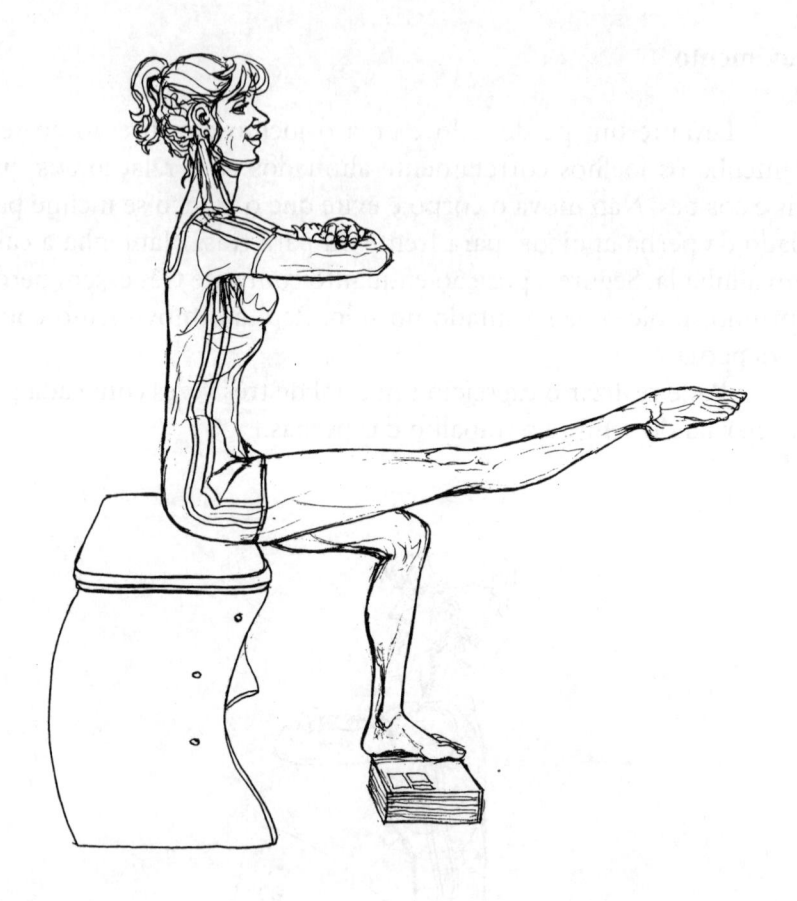

Progressão

Quando dominar o exercício, pode incrementar a dificuldade da seguinte forma: pratique levantar o joelho e manter a posição enquanto conta até três, conservando uma boa postura e o alinhamento corporal correto. Estique a perna e a mantenha bem alinhada com o quadril e o pé. Preste atenção para que o joelho continue apontando para o teto e esteja erguido acima dos quadris. Mantenha esta posição enquanto conta até três. Volte a flexionar o joelho como no início, e mantenha a posição até haver contado até três. Com controle, apóie o pé no solo e realize o exercício com a outra perna. Pode realizar este exercício um total de três vezes com cada perna, alternando sempre o trabalho das pernas.

EXERCÍCIO PARA OS OMBROS

É importante aprender a relaxar os músculos dos ombros e do pescoço ao realizar os exercícios. O primeiro passo é ver e sentir como se levanta os ombros. Aprender a não levantar os ombros é importante: produzirá um relaxamento e um estiramento na parte posterior do pescoço, o que lhe permitirá reduzir visivelmente a fadiga produzida pela constante tensão do dia todo. Os exercícios que se seguem melhorarão a mobilidade das articulações dos ombros.

◆ ERGUER E BAIXAR OS OMBROS

Posição inicial

Sente-se reto, com os ombros na posição vertical com os quadris. Eleve-se dos quadris e abra o peito.

Movimento

Encolha os ombros, elevando-os tanto quanto possa até as orelhas. Deixe cair os ombros e relaxe os músculos, para sentir que estes ainda podem baixar mais. Coloque as mãos uma sobre a outra sobre a cabeça e abra os cotovelos diretamente sobre os ombros. Conservando o pescoço reto e com o auxílio das mãos, empurre o alto da cabeça para baixo. Os ombros não devem subir. Agora, encolha os ombros tanto quanto puder e fique atento a como se sente. Por último, relaxe os músculos para deixar cair os ombros. Depois, relaxe-os mais ainda.

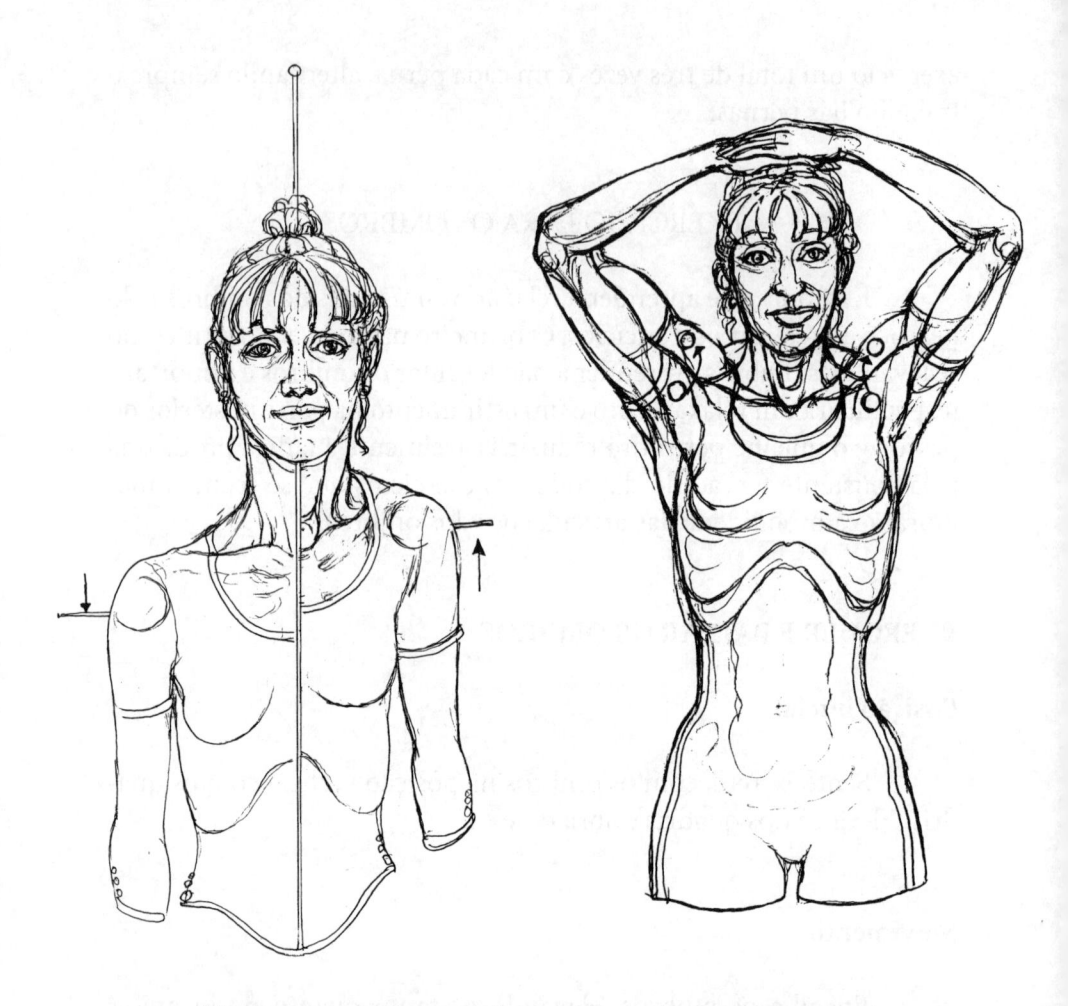

Finalmente, estique os braços lateralmente, de maneira que formem uma linha reta com os ombros. Alongue os dedos das mãos como se quisesse alcançar simultaneamente a parede à sua esquerda e a parede à sua direita. Mantendo todo o corpo imóvel, eleve os ombros enquanto continua esticando os braços para fora, sentindo os dedos das mãos. Estique o alto da cabeça na direção do teto para crescer e ficar mais alto. Gire os ombros para trás e os aperte para baixo enquanto tenta crescer mais ainda, alongando os braços e as mãos. Deve sentir uma sensação de abertura na parte posterior do pescoço.

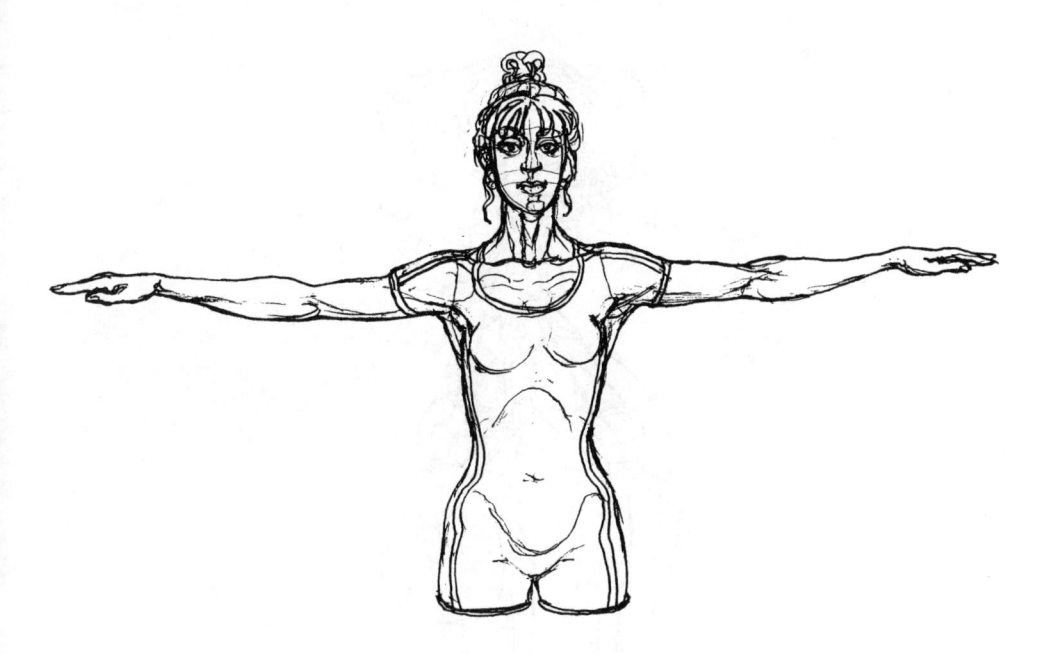

◆ CÍRCULOS COM OS OMBROS

Posição inicial

Sente-se reto, com os ombros na vertical com aos quadris. Erga-se dos quadris e abra o peito. Os braços devem estar esticados próximos ao corpo, mas estendidos.

Movimento

Gire os ombros para frente o máximo que puder. Procure relaxar o pescoço e comece a descrever um círculo girando os ombros e levantando-os ao máximo na direção das orelhas. Continue girando os ombros para trás tudo o que puder e termine de desenhar o círculo baixando-os. Relaxe pouco a pouco os músculos e volte a repetir mais dois círculos no mesmo sentido. Não se exceda no número de repetições. Comece o movimento no sentido oposto e realize mais três círculos.

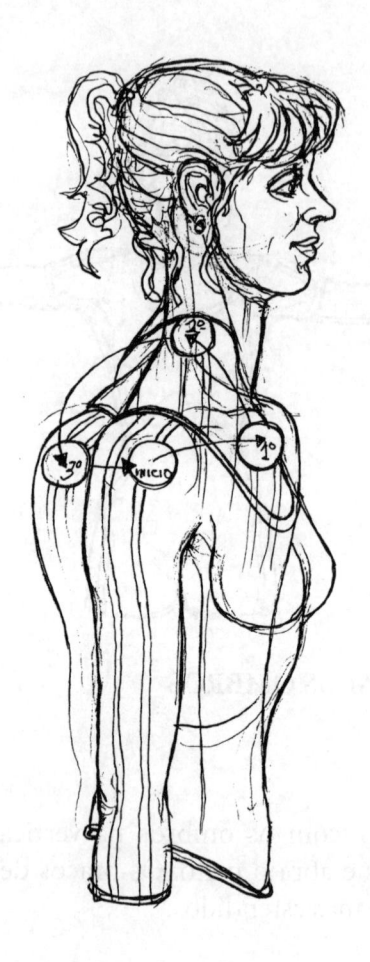

EXERCÍCIOS PARA O PESCOÇO E A NUCA

Como já expusemos antes, os ombros e o pescoço estão estreitamente relacionados e, por isso, assim como é importante aprender a evitar a tensão dos ombros, é também importante tomar consciência da posição da cabeça e aprender a evitar a tensão desnecessária dos músculos do pescoço. Estes exercícios se complementam com os exercícios que já vimos para os ombros.

◆ DE UM LADO PARA O OUTRO: OLHANDO AO REDOR POR CIMA DOS OMBROS

Posição inicial

Sente-se erguido, com os ombros relaxados e os braços ao longo do corpo. Estique a coluna e sinta a parte posterior do corpo alongada. Imagine que a cabeça se encontra apoiada comodamente no vértice ou ápice da última vértebra cervical. Observe a posição do queixo. Pode ser que ele esteja demasiado para frente e para cima. Coloque o queixo para baixo e ligeiramente para dentro; isto vai lhe permitir alongar ainda mais a parte posterior do pescoço.

Movimento

Olhe para frente e trace uma linha imaginária na altura dos olhos. Gire lentamente a cabeça para a direita, enquanto mantém o corpo e os ombros imóveis. Continue girando a cabeça, mantendo a linha imaginária ao nível dos olhos até ter o olhar acima do ombro direito. Mantenha-se alguns instantes nesta posição e tenha consciência da posição do queixo. Alongue a parte posterior do pescoço e mantenha os ombros em uma mesma linha.

Lentamente, devolva a cabeça à sua posição inicial, seguindo com os olhos a linha imaginária. Repita o mesmo movimento, olhando agora por cima do ombro esquerdo. Realize este exercício no máximo mais duas vezes de cada lado.

◆ OLHAR NA DIREÇÃO DO UMBIGO

Posição inicial

Continue na mesma posição inicial do exercício anterior.

Movimento

Enquanto continua alongando a parte posterior da nuca, leve o queixo na direção da garganta. Lentamente, deixe cair o peso da cabeça para baixo, fazendo girar, pouco a pouco, as vértebras cervicais, enquanto mantém os ombros para trás e para baixo. Utilize os braços alongando-os como se quisesse tocar o solo com as pontas dos dedos das mãos. Dirija o olhar para o umbigo e tente relaxar o pescoço quando tiver alcançado o máximo de estiramento. Não esqueça de permanecer elevado a partir do centro de força. Lentamente, regresse à posição inicial, girando as vértebras para levantar a cabeça. Realize no máximo três repetições deste exercício.

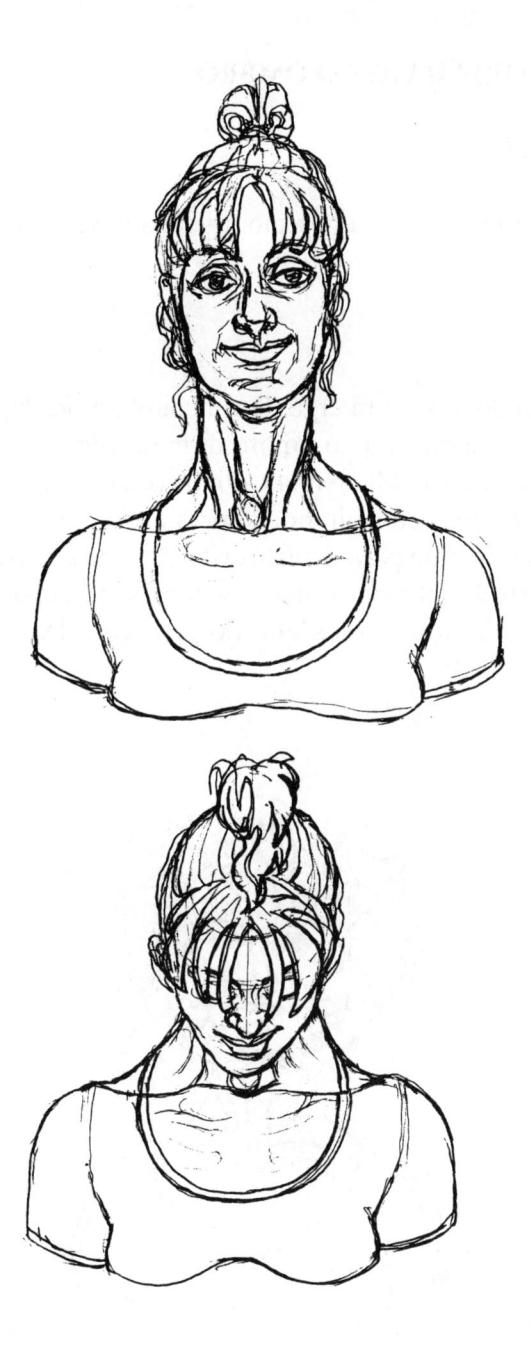

Exercícios pré-Pilates sentados

◆ **LEVAR A ORELHA ATÉ O OMBRO**

Posição inicial

Continue na mesma posição inicial do exercício anterior.

Movimento

Mantendo a postura erguida e a coluna esticada, incline lentamente a cabeça na direção do ombro direito, com a intenção de levar a orelha direita até ele. Mantenha os ombros em linha reta; tenha em mente o ombro esquerdo, girando-o para atrás e para baixo. O queixo deve ir ligeiramente para dentro, evitando que a parte posterior do pescoço encurte. Mantenha-se alguns segundos nesta posição, sentindo como vão se esticando os músculos do pescoço e, lentamente, volte à posição inicial. Agora, incline a cabeça na direção do ombro esquerdo. Repita o movimento no máximo mais duas vezes de cada lado.

◆ **SEMICÍRCULO**

Posição inicial

Continue a partir da mesma posição inicial do exercício anterior. Este exercício combina todos os movimentos anteriores. Mantenha a postura ereta a partir do centro de força.

Movimento

Gire a cabeça como no exercício *De um lado para o outro* (ver a pág. 87) até levar os olhos sobre o ombro direito. Leve o queixo para dentro enquanto deixa cair o peso da cabeça sobre o ombro. Com o pescoço relaxado, mova a cabeça para "olhar seu umbigo" e continue descrevendo o semicírculo, conservando o queixo para dentro e o pescoço relaxado, até chegar ao ombro esquerdo. Levante os olhos por cima do ombro esquerdo e, lentamente, volte a cabeça à posição central. Inicie o semicírculo para a esquerda. Pode repetir este exercício mais uma vez para cada lado. Não exagere nas repetições deste exercício.

TERCEIRA PARTE

O COLCHONETE DO AUTÊNTICO MÉTODO PILATES

TABELA DE SISTEMAS, REPETIÇÕES E ORDEM DOS EXERCÍCIOS

SISTEMA BÁSICO

Os cem: 10 séries de 10 repetições.
Rodar para frente: 3 a 5 repetições.
Círculos com uma perna: 5 repetições em cada direção.
Rolar como uma bola: 6 repetições.

Série de cinco:
Estiramento de uma perna: 5 a 10 séries.
Estiramento de duas pernas: 5 a 10 repetições.
Estiramento da coluna para frente: 3 a cinco repetições.

SISTEMA INTERMEDIÁRIO

Os cem
Rodar para frente
Círculos com uma perna
Rolar como uma bola

Série de cinco:
Estiramento de uma perna
Estiramento de duas pernas
Estiramento alternado com as pernas esticadas: 5 a 10 séries.
Estiramento das duas pernas esticadas: 5 a 10 repetições.
Entrecruzado: 1 a 2 séries.
Estiramento da coluna para frente
Balanço com as pernas separadas: 4 a 6 repetições.
Saca-rolhas: 3 séries.
Serra: 3 séries.
Círculos com a nuca: 1 série.
Pontapé com uma perna: 5 a 8 séries.
Pontapé com as duas pernas: 2 séries.
Estiramento da nuca: 3 a 5 repetições.

SISTEMA AVANÇADO

Os cem
Rodar para frente
Elevação das pernas para trás: 3 repetições em cada direção.
Círculos com uma perna
Rolar como uma bola

Série de cinco:
Estiramento de uma perna
Estiramento de duas pernas
Estiramento alternado com as pernas esticadas
Estiramento das duas pernas esticadas
Entrecruzado
Estiramento da coluna para frente
Balanço com as pernas separadas
Saca-rolhas
Serra
Mergulho do cisne: 4 a 6 repetições.
Pontapé com uma perna
Pontapé com as duas pernas
Estiramento da nuca
Canivete suíço: 3 repetições.
Torção da coluna: 2 a 4 séries.

Tabela de sistemas, repetições e ordem dos exercícios

Série de pontapés laterais:
Para frente/para trás: 5 a 10 repetições.
Para cima/para baixo: 3 a 5 repetições.
Pequenos círculos: 5 repetições em cada direção.
O brincalhão I: 3 a 5 repetições.
A foca: 6 repetições.

Tesoura: 4 séries.
Bicicleta: 4 séries em cada direção.
Ponte sobre os ombros: 2 a 4 repetições com cada perna.

Série de pontapés laterais:
Bicicleta para frente/para trás: 3 repetições em cada direção.
Elevação das pernas: 3 e segurar enquanto conta até três.
Bater as pernas: 1; bater 5 vezes.
Círculos com a face interior das coxas: 5 círculos em cada direção.
O brincalhão I
O brincalhão II: 3 repetições.
O brincalhão III: 5 repetições.
Bumerangue I e II: 2 a 4 repetições.
Círculos de quadris: 2 a 3 séries.
Nadar: 1 a 2 séries de 10 repetições.
Jogar a perna para baixo: 3 repetições com cada perna.
Jogar a perna para cima: 2 a 4 séries.
Pontapés laterais ajoelhado: 3 repetições.
Sereia: 2 a 3 repetições de cada lado.
Flexões: 3 séries de 3 repetições.
A foca

1
EXERCÍCIOS DO SISTEMA BÁSICO NO COLCHONETE

◆ **OS CEM**

NÍVEL TÉCNICO: básico.
REPETIÇÕES: 10 séries de 10 repetições.
OBJETIVOS: estimular a circulação do sangue; ativar o centro de força; trabalhar a respiração e a coordenação; aumentar a resistência.

Posição inicial

Coloque-se deitado de costas, com os braços estendidos ao longo do corpo e as palmas das mãos viradas para baixo sobre o colchonete. Observe que as costas estejam totalmente coladas ao solo. Estique para frente os dedos dos pés, de maneira a formarem uma espécie de prolongamento das pernas. Flexione os joelhos, levando as duas pernas na direção do peito. Alongue e levante os braços, mantendo-os paralelos ao solo a uma altura de cerca de dez centímetros, utilizando o centro de força para deslocar o peso da cabeça na direção do centro do corpo até levantar os ombros sem que a base dos omoplatas deixe de pressionar o colchonete e estique as pernas juntas para a diagonal, na frente dos quadris, até um ângulo de 45 graus ou até que a posição seja possível sem curvar a coluna vertebral. Continue pressionando a região lombar contra o colchonete e mantenha o tempo todo este ponto de apoio para a coluna.

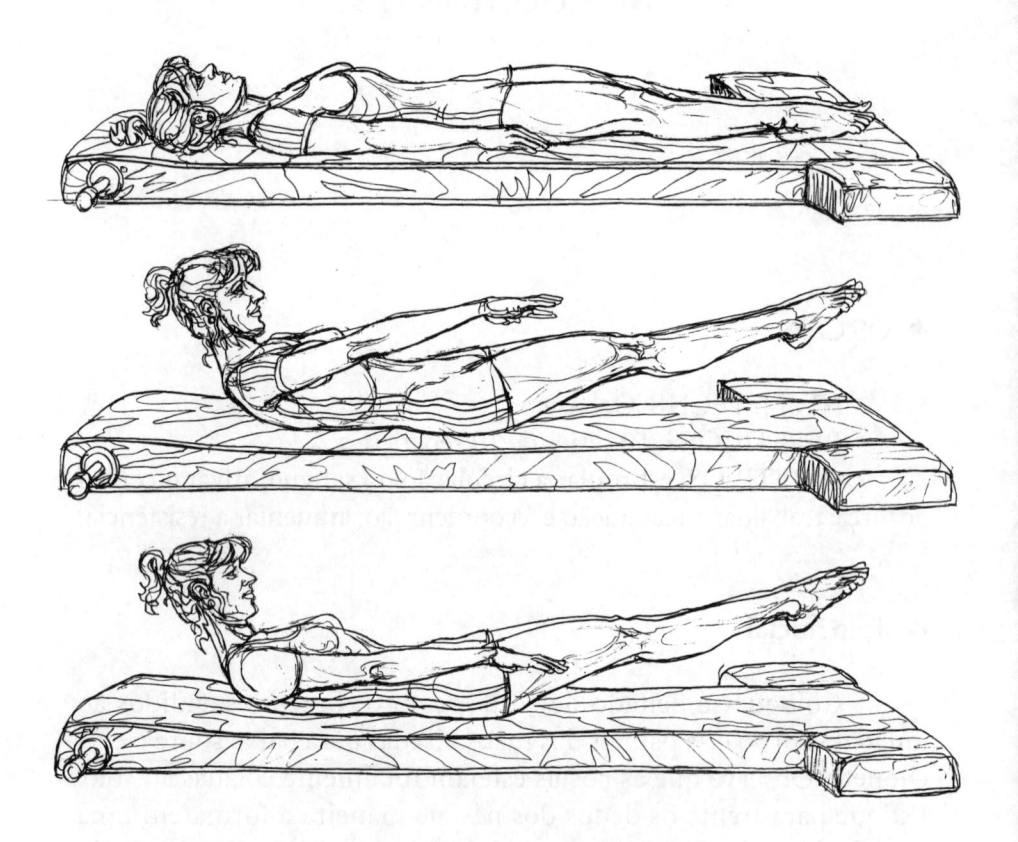

Movimento

Inspire lentamente pelo nariz, levantando e baixando os braços estendidos com um movimento de bombeamento vigoroso enquanto conta até cinco. Não apóie nunca os braços no colchonete. Expire lentamente pelo nariz, sem parar de acionar os braços, durante mais cinco repetições. Considerando as cinco repetições de inspiração e as cinco de expiração como uma série, repita mais nove séries. Ao terminar a série, dobre os joelhos levando-os até o peito, baixe os braços e repouse a cabeça no colchonete.

Modificação

- Se for principiante, realize este exercício de forma progressiva: flexione os joelhos, levante a cabeça e estique as pernas.
- Se a parte inferior das costas começar a incomodá-lo, ou sentir que a região lombar perde o contato com o colchonete, flexione os joelhos na direção do peito e continue o movimento.
- Se tiver problemas na nuca, nos ombros e nos braços, deve modificar o exercício e tentar se concentrar apenas na respiração.
- Se notar que os músculos do pescoço se cansam, relaxe a cabeça no colchonete enquanto realiza os movimentos de bombeamento com os braços. Se puder, volte a erguer a cabeça, lembrando-se de que para isso deve utilizar o centro de força.
- Se tiver uma lesão nos ombros, pode limitar o movimento dos braços e movê-los suavemente.
- Comece com quarenta ou cinqüenta respirações (quatro ou cinco séries) e aumente a seqüência pouco a pouco até chegar a cem.

Progressão

Deitado na posição supina, levante as duas pernas esticadas do colchonete até o nível dos olhos, ao mesmo tempo em que eleva a cabeça e aproxima o queixo do peito, mantendo sempre a região lombar colada ao colchonete durante toda a seqüência.

Quando dominar o padrão de respiração que acaba de ser indicado, e for capaz de baixar as pernas ao nível dos olhos, pratique uma inspiração mais curta e uma expiração mais longa para melhorar a capacidade cardiovascular (exemplos: inspire enquanto conta até quatro e expire até seis; inspire até três e expire até sete...).

A ser levado em conta

- Não eleve o tronco do colchonete além da base das omoplatas.
- Se sofrer de alguma doença infecciosa, não deve jamais realizar este exercício.
- Mantenha as costas firmemente coladas ao colchonete, empurrando o umbigo na direção da coluna. Olhe na direção do umbigo e não deixe que o movimento dos braços afete o resto do corpo, mantendo este imóvel.
- Se não conseguir manter as costas retas, com as pernas na altura dos olhos, deverá elevar as pernas até onde for capaz de conservar as costas retas.
- Se apertar as nádegas enquanto gira a parte superior interior das coxas e juntar bem as pernas, conseguirá manter mais estável a metade inferior das costas.
- Mantenha os dedos das mãos juntos e esticados e não dobre os pulsos durante o movimento de bombeamento com os braços.

Transição

Dobre os joelhos na direção do peito e estenda as duas pernas, juntas e na posição Pilates, sobre o colchonete, para preparar o exercício que se segue, *Rodar para frente*.

◆ RODAR PARA FRENTE

NÍVEL TÉCNICO: básico.
REPETIÇÕES: 3 a 5.
OBJETIVOS: trabalhar a articulação da coluna, vértebra por vértebra, e a abertura da região lombar; alongar a coluna.

Posição inicial

Coloque-se deitado na posição supina, com as pernas esticadas e juntas na posição Pilates. Estenda os braços ao lado das orelhas seguindo a horizontal do corpo. Os braços não deverão estar separados a uma distância superior à largura dos ombros e as palmas das mãos devem ficar viradas para cima. Deixe um espaço entre os ombros e as orelhas. Empurre o umbigo na direção da coluna vertebral e sinta as costas em contato com o colchonete e relaxadas.

Movimento

Eleve os braços na vertical em direção ao teto. Inicie o movimento a partir do centro de força, empurrando o ventre na direção da coluna e levante a cabeça até situá-la entre os braços, ao mesmo tempo em que leva o umbigo na direção da coluna. Inspire e comece a rodar para frente, despregando-se do colchonete, vértebra

O autêntico método Pilates

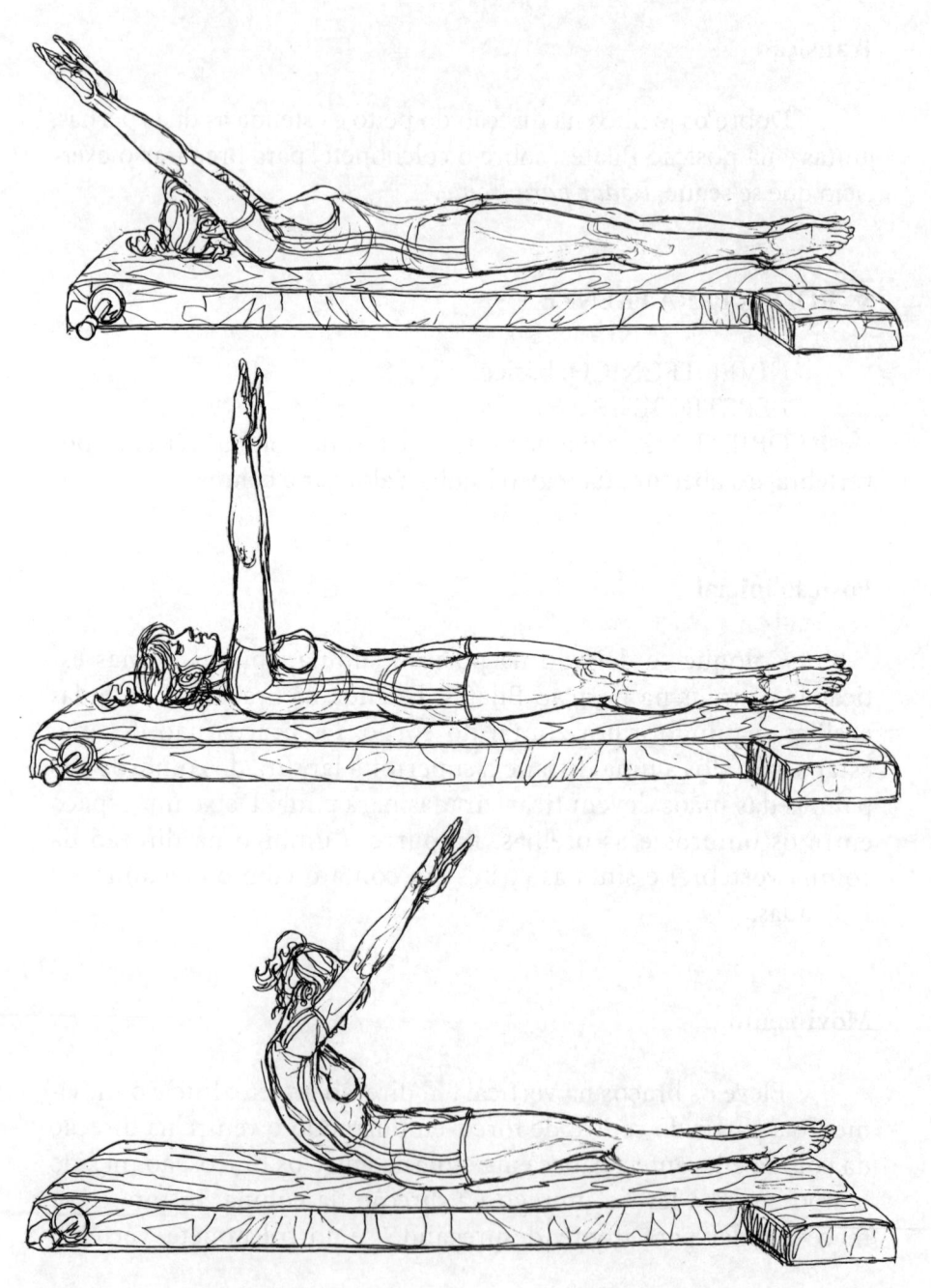

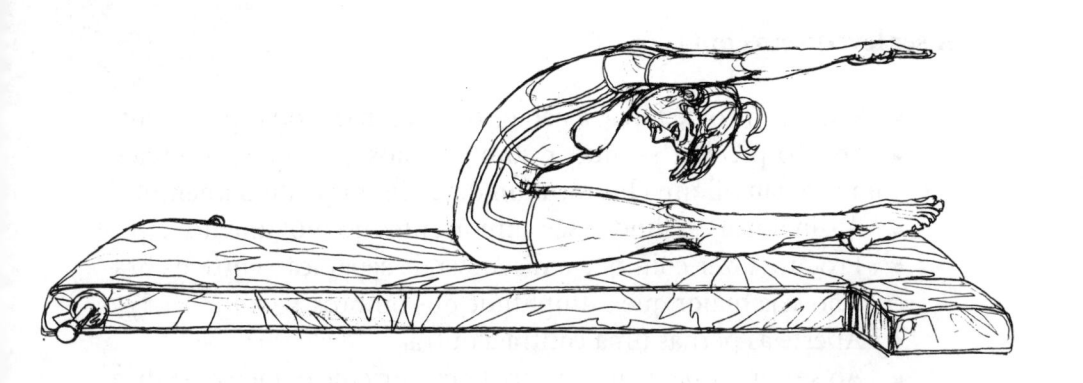

por vértebra, como se alguém puxasse seus braços, e simulando o movimento de uma roda. Continue se curvando para cima e, uma vez sentado, comece a expirar esticando-se para frente. Mantenha a curva C ao mesmo tempo em que continua esticando os braços para frente, nivelados com os ombros. Inspire lentamente, aperte as nádegas e empurre os pés para longe dos quadris, enquanto segura o ar e vira na direção do colchonete, vértebra por vértebra. Mantenha a curva C da região lombar e os braços na altura dos ombros. Quando tocar o solo com a cintura, comece a expirar e continue se curvando até apoiar a cabeça no colchonete. Estique os braços na direção do teto e depois faça-os descer até a horizontal do corpo e ao lado das orelhas, esvaziando o ar dos pulmões.

Repita este exercício mais duas a quatro vezes.

Modificação

- Se não tiver a força necessária para realizar este exercício, nós lhe sugerimos realizar o exercício *Rodar para baixo* (ver a pág. 76), prendendo os pés sob um móvel. Quando se curvar, tanto para frente como para trás, pode flexionar um pouco os joelhos para facilitar a articulação da coluna, e inclusive pode se ajudar segurando as pernas com as mãos.

A ser levado em conta

- Use o centro de força, e não os ombros, para rodar para frente.
- Se não precisar se ajudar com as mãos, pratique o exercício com um pau ou uma barra, a fim de melhorar o alinhamento.
- A dinâmica e a fluidez são importantes no movimento.
- Procure fazer com que a distância de separação entre os braços não seja maior que a amplitude dos ombros.
- Aperte as pernas uma contra a outra.
- Ao se curvar para cima e para baixo, oriente o queixo na direção do peito e o olhar na direção do estômago. Não deixe que o ventre se sobressaia.
- Não deixe também que o tronco se incline para frente ao se esticar; trabalhe a curva C.

Transição

Baixe os braços nas laterais para o próximo exercício, *Círculos com uma perna*, se estiver realizando o sistema básico. Faça o mesmo se estiver no sistema avançado para o exercício *Elevação das pernas para trás*.

◆ CÍRCULOS COM UMA PERNA

NÍVEL TÉCNICO: básico.
REPETIÇÕES: 5 em cada direção.
OBJETIVOS: estabilizar toda a coluna e a região pélvica; conseguir fluidez de movimento na articulação da perna com a cadeira; esticar toda a parte posterior da perna e trabalhar o centro de força.

Posição inicial

Deitado na posição supina, com os braços estendidos ao longo do corpo, as palmas das mãos para baixo e as pernas juntas e esticadas, empurre o umbigo na direção da coluna. Ajuste a caixa e estire a parte posterior do pescoço. Flexione um joelho até o peito e estenda a perna apontando na vertical até formar um ângulo reto com a outra perna, que permanece esticada e na linha central do corpo. Gire na direção da linha central do corpo o tornozelo da perna elevada e puxe-a com as mãos como se quisesse aproximá-la da orelha. Volte a colocar os braços estendidos ao longo do corpo sobre o colchonete e a perna elevada apontando para o teto.

Movimento

Mantendo os quadris em contato com o colchonete, efetue um círculo contínuo e fluido, dirigindo a perna elevada transversalmente

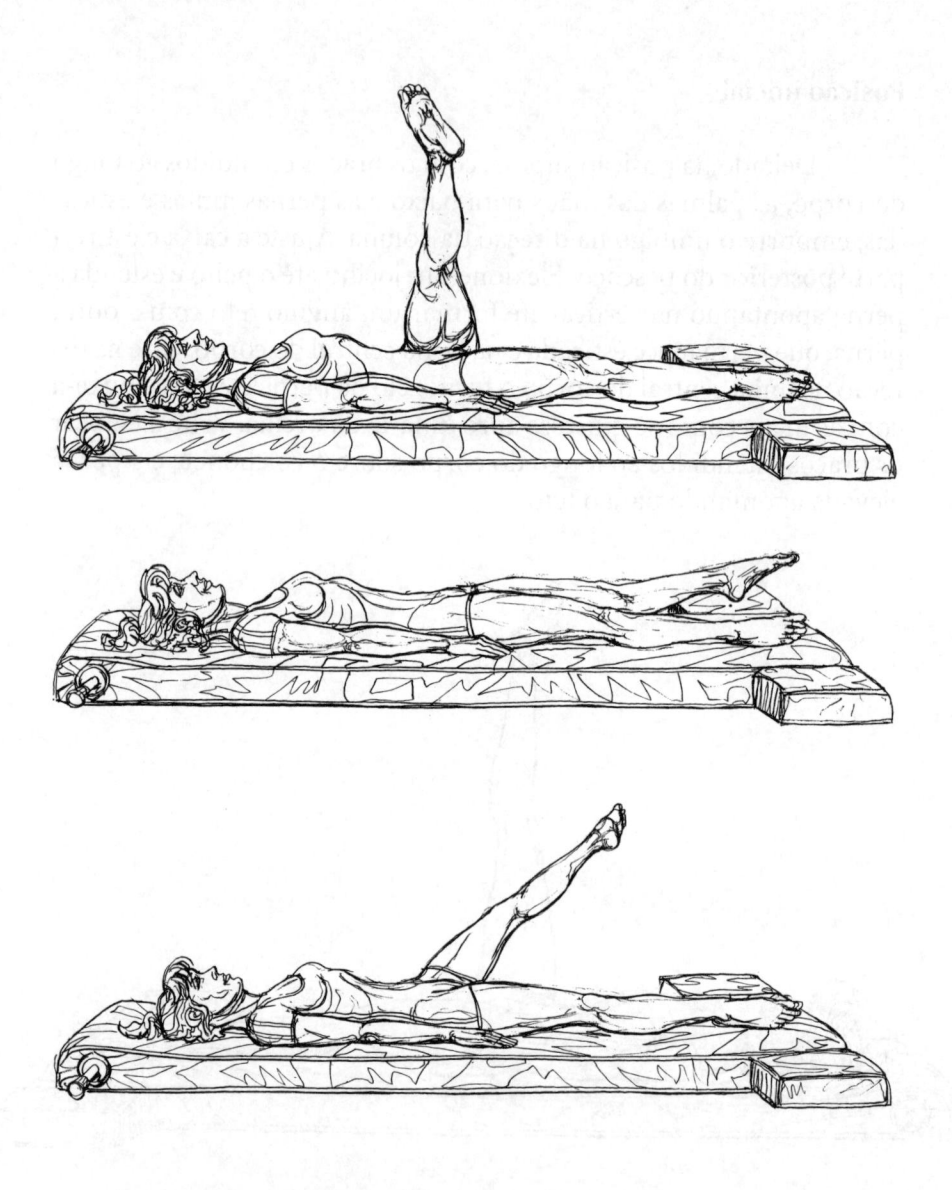

na direção do ombro para que o movimento seja ascendente e cruzado, depois desça-a até o calcanhar da outra perna. Evite que as costas fiquem arqueadas. Continue o círculo elevando a perna para fora e finalize perpendicularmente ao nariz. Realize cinco círculos em uma direção e outros cinco na direção contrária. Dobre a perna na direção do peito e depois estenda-a para frente no colchonete. Repita o exercício com a outra perna. Inspire na primeira metade do círculo e expire na outra metade.

Modificação

- Se você tiver os músculos gêmeos muito desenvolvidos, pode flexionar o pé, empurrando com o calcanhar para sentir melhor o estiramento quando estender a perna na vertical.
- Se tiver sobrepeso ou a coluna delicada, deve flexionar o joelho da perna que permanece no solo e apoiar a planta do pé no colchonete, mantendo suavemente flexionado o joelho da perna que realiza os círculos.
- Se você for muito rígido, pode flexionar o joelho da perna que permanece no solo e colocar o pé sob um móvel, mantendo o joelho da outra perna ligeiramente flexionado.
- Se notar algum estalo no quadril, reduza a amplitude do círculo.
- Se sentir incômodo na parte interna do joelho, pode dobrá-lo ligeiramente.

Progressão

À medida que for progredindo, incremente pouco a pouco o diâmetro dos círculos, mas não perca o controle dos quadris durante o exercício!

Os alunos avançados começam elevando a perna diretamente esticada e, ao finalizar, com um movimento de "tesoura", invertem a posição das pernas para repetir o exercício com a outra perna.

A ser levado em conta

- Realize os círculos a partir do centro de força e do interior da articulação do quadril. Empurre o umbigo na direção da coluna e pressione a mesma contra o colchonete.
- As duas partes mais importantes deste exercício compreendem, uma, o movimento de cruzar a perna sobre o corpo, e outra, o movimento de alcançar o nariz com a perna, seguido pela pequena parada que precede o início da descrição do círculo seguinte. O pé se mantém alongado, prolongando a linha da perna.
- Mantenha a perna que está esticada no solo na linha central do corpo. No início, execute os círculos pequenos e controlados, dentro da articulação e sem despregar o sacro do solo.
- Assegure-se de que, durante o exercício, o tronco e os braços permaneçam em contato com o colchonete. Alongue a parte posterior do pescoço pressionando a base da nuca contra o colchonete.
- O tronco deve permanecer imóvel. Não deixe que o movimento da perna balance o corpo para os lados.
- Realize o movimento dentro dos limites da caixa.

Transição

Dobre a perna na direção do peito e depois a baixe até a outra perna no colchonete. Erga o tórax, rodando a coluna até a posição sentada e desloque as nádegas na direção dos calcanhares para *Rolar como uma bola*.

◆ ROLAR COMO UMA BOLA

NÍVEL TÉCNICO: básico.
REPETIÇÕES: 6.
OBJETIVOS: massagear a coluna; relaxar; trabalhar os músculos abdominais e melhorar o equilíbrio.

Posição inicial

Coloque-se sentado, desloque as nádegas para frente e na direção dos calcanhares, flexionando os joelhos. Segure os tornozelos com as mãos e puxe-os em direção às nádegas. Relaxe a cabeça para frente. Coloque o queixo em contato com o peito e o nariz entre os joelhos e equilibre-se sobre o cóccix. Os pés devem permanecer suavemente esticados e com os dedos sem tocar o colchonete. Mantenha uma forma redonda (como uma bola).

Movimento

Inspire e, conservando a forma, empurre o umbigo na direção da coluna para iniciar a roda para trás, até a base das omoplatas. Os tornozelos devem se manter próximos das nádegas e a cabeça entre os joelhos. Expire e gire para frente mantendo a posição da bola. Repita o movimento no máximo mais cinco vezes.

Modificação

• Durante as primeiras sessões, é preferível trabalhar o controle e o equilíbrio em vez de realizar a rotação, como se indica no exercício *Rodar para baixo* (ver a pág. 76).

- Se tiver rigidez na coluna vertebral ou lesões nos joelhos, pode modificar a posição das mãos, e em vez de mantê-las segurando os tornozelos, pode colocá-las atrás dos joelhos.
- Se for principiante e não tiver ainda muito controle, não é necessário rodar até a base das omoplatas; rode somente a parte lombar e insista mais na posição inicial em equilíbrio.

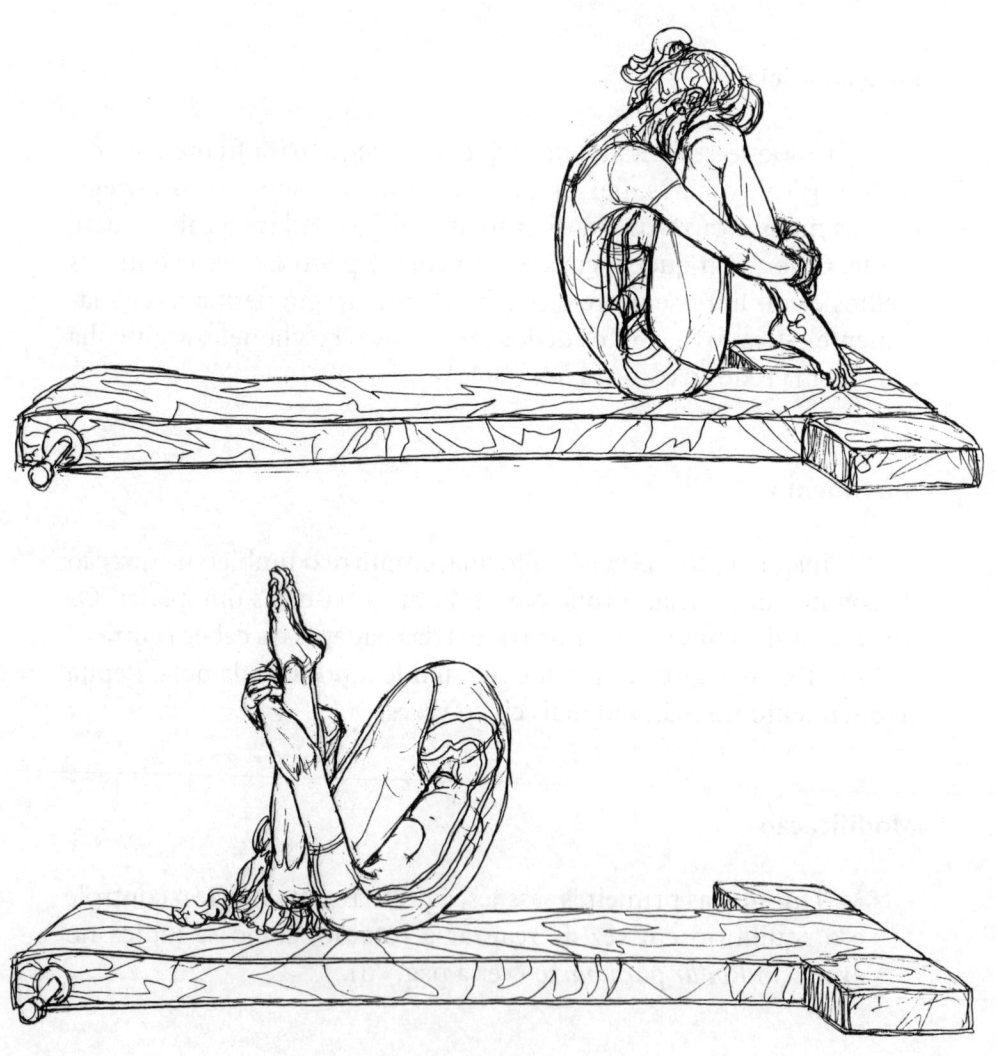

A ser levado em conta

- Se tiver alguma lesão na nuca ou na coluna, não deve realizar este exercício. Se sofrer escoliose aguda, não o faça nunca.
- Jamais rode sobre a nuca.
- Empurre o ventre para dentro e mantenha a cabeça e a nuca imóveis durante o balanço.
- Não desloque a cabeça para frente nem para trás durante o movimento. Mantenha-a imóvel próxima dos joelhos. Utilize o centro de força para reincorporar-se a partir da posição de trás e mantenha a forma redonda das costas.

Transição

Baixe os pés até o colchonete e apóie as mãos dos lados dos quadris. Volte até o centro do colchonete levantando as nádegas e rode a coluna até o colchonete. Aproxime os joelhos do peito e prepare as pernas para o exercício *Estiramento de uma perna*.

◆ ESTIRAMENTO DE UMA PERNA

NÍVEL TÉCNICO: básico.
REPETIÇÕES: 5 a 10 séries.
OBJETIVOS: fortalecer o centro de força, os músculos abdominais e as costas; trabalhar o alinhamento corporal; ajustar os glúteos e alongar as pernas; exercitar a coordenação.

Posição inicial

Deitado na posição supina, com os joelhos flexionados e levados até o peito. Coloque a mão esquerda no joelho direito, e a mão direita no tornozelo direito. (Esta posição de mãos é usada para manter o tornozelo, o joelho e o quadril alinhados.) Estenda a perna esquerda na direção do teto, com o tornozelo na linha central do corpo, e baixe-a em um ângulo que lhe permita manter as costas completamente planas sobre o colchonete. Por último, aproxime o queixo do peito levantando os ombros do solo e mantendo a base das omoplatas no colchonete, com os cotovelos estendidos para fora.

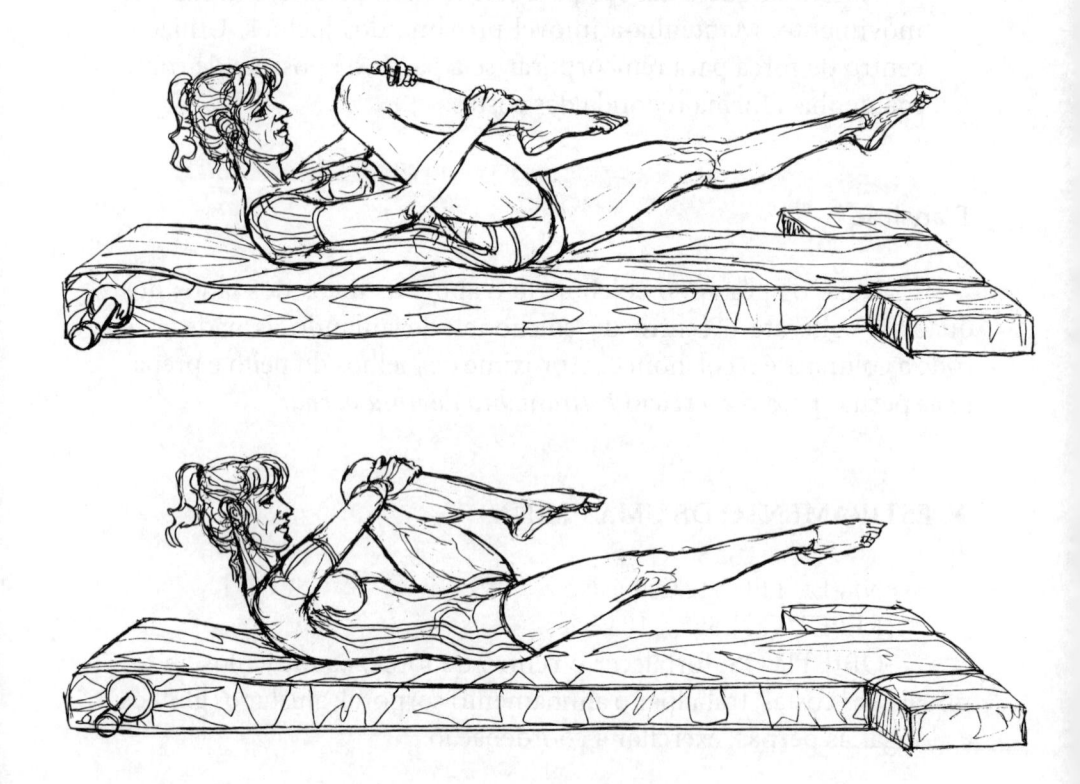

Movimento

Inspire lentamente ao mesmo tempo em que leva a perna direita na direção do peito com a ajuda das mãos e alonga a perna esquerda na diagonal, mantendo-a na linha central do corpo, seguindo a linha do quadril. Continue inspirando e, com controle, mude a posição das pernas e das mãos. (Isto seria uma série.) Expire na série seguinte. Repita este exercício por cinco a dez séries.

Modificação

- Se tiver problemas nos joelhos, pode colocar as duas mãos na coxa, debaixo do joelho.
- Se for uma pessoa rígida ou tiver problemas na coluna, deve prestar atenção ao ângulo de elevação da perna que está esticada, não a fazendo descer muito. À medida que for melhorando, a força do seu centro de força poderá começar a baixar gradualmente a perna.

Progressão

Depois de *Rolar como uma bola* (ver a pág. 109), desloque o corpo para trás e, com fluidez e utilizando o mínimo de movimento possível, dobre um joelho na direção do peito mantendo o outro esticado e no nível dos olhos.

A ser levado em conta

- Deve-se empurrar o umbigo na direção da coluna, mantendo as costas retas e completamente imóveis enquanto realiza os movimentos das pernas. Mantenha a caixa enquadrada e o alinhamento correto. Durante o exercício, trabalhe a partir do centro de força.
- Se for principiante, deve começar o exercício sem levantar a cabeça para se concentrar melhor no ventre e na coordenação das pernas e dos braços. Uma vez conseguido isto, pode levantar a

cabeça. Se, no princípio, isso cansar sua nuca, pode deixar a cabeça repousada no colchonete e continuar o exercício.
- Mantenha os cotovelos elevados nas laterais do corpo e estendidos para fora, os ombros pressionando para baixo para utilizar melhor os músculos abdominais, e empurre o queixo na direção do peito, ao mesmo tempo em que orienta o olhar para o umbigo.
- Não insista na respiração até que esteja num nível mais avançado.
- Se apertar as nádegas quando estender a perna, será mais fácil manter a posição da perna.

Transição

Apóie a cabeça no colchonete, se necessário puxando os joelhos na direção do peito para descansar; ou deixe-a levantada e se coloque na posição para o *Estiramento das duas pernas*.

◆ **ESTIRAMENTO DAS DUAS PERNAS**

NÍVEL TÉCNICO: básico.
REPETIÇÕES: 5 a 10 repetições.
OBJETIVOS: exercitar os pulmões; fortalecer o centro de força e os abdominais; esticar a região lombar e as pernas.

Posição inicial

Continue deitado na posição supina. Flexione os joelhos e leve as pernas até o peito puxando os tornozelos com as mãos. Mantendo a base dos omoplatas no colchonete, leve o queixo até o peito utilizando o centro de força ao mesmo tempo em que levanta os ombros do solo. Os cotovelos devem ser mantidos levantados dos lados e virados para fora.

Movimento

Inspirando lentamente, empurre o umbigo na direção da coluna e estique todo o copo em direções opostas. Estenda os braços sobre a cabeça de tal maneira que eles passem junto às orelhas, ao mesmo tempo em que estica as pernas na diagonal para frente em um ângulo de aproximadamente 45 graus. A região lombar deve permanecer colada ao colchonete. Mantendo o tronco imóvel, segure o ar enquanto abre os braços para os lados; quando estes chegarem na altura dos quadris, comece a expirar ao mesmo tempo em que flexiona os joelhos na direção do peito, segurando os tornozelos com as mãos. Abrace firmemente as pernas contra o peito para forçar a expiração completa. Repita este exercício mais quatro a nove vezes.

Modificação

- Se tiver problemas nos joelhos ou for uma pessoa rígida, pode colocar as duas mãos na coxa, atrás dos joelhos.
- Se for uma pessoa rígida ou tiver problemas na coluna, deve prestar atenção ao ângulo de elevação das pernas, não as fazendo descer demais. À medida que aumentar a força do seu centro de força, será capaz de baixá-las até um ângulo de 45 graus.
- Se o pescoço incomodá-lo quando estiver com a cabeça levantada, pode deixá-la repousar de vez em quando. Se tiver problemas na nuca ou nos ombros, não realize o movimento de círculo com os braços nem reduza a amplitude de movimento destes.

Progressão

As pernas devem descer até o nível dos olhos, sem deslocar a região lombar do colchonete.

A ser levado em conta

- Lembre-se de que este é um exercício de respiração.
- Mantenha o tempo todo as costas retas.
- Sugerimos que no início realize este exercício somente executando o movimento simultâneo de esticar os braços e as pernas com a inspiração; depois, sem realizar o círculo com os braços, simplesmente recolha as pernas e segure os tornozelos, expirando.
- A cabeça não deve ser mantida para trás ao esticar os braços sobre a cabeça e dos lados das orelhas.
- Aperte as nádegas e junte firmemente a parte superior interior das coxas enquanto estende as pernas. Isto vai ajudá-lo a estabilizar a região lombar.

Transição

Se você está realizando um sistema básico, deixe a cabeça repousada, coloque os pés no solo e gire a coluna para cima para se sentar e proceder ao *Estiramento da coluna para frente*. Nos sistemas intermediário e avançado, prepare-se para o *Estiramento alternado com as pernas esticadas* (ver a pág. 121).

◆ ESTIRAMENTO DA COLUNA PARA FRENTE

NÍVEL TÉCNICO: básico.
REPETIÇÕES: 3 a 5.
OBJETIVOS: exercitar a respiração; trabalhar a abertura da região lombar; criar espaço entre as vértebras; alongar a coluna; trabalhar a curva C; estimular uma boa postura.

Posição inicial

Coloque-se sentado com as costas erguidas e as pernas retas e abertas até alcançar uma amplitude um pouco superior à dos quadris. Flexione os pés, empurrando os calcanhares para longe dos quadris, como se pressionasse os calcanhares contra uma parede. Estenda os braços para frente à altura dos ombros e com as palmas das mãos voltadas para o solo. Mantenha o corpo erguido e os ombros alinhados com os quadris.

Movimento

Inspire levantando-se ao máximo sobre os quadris, como se quisesse pressionar o teto com o alto da cabeça. Expire enquanto baixa o queixo na direção do peito e, começando a partir da cabeça, gire para dentro e para baixo esticando as mãos para frente. Leve o nariz na direção do umbigo e empurre com os calcanhares, forçando ao máximo a expulsão do ar dos pulmões, enquanto empurra o ventre para dentro (imagine estar formando um C com o corpo). Quando não restar mais ar, inspire reinvertendo o movimento da coluna, vértebra por vértebra, enquanto continua empurrando os calcanhares para fora. Repita mais duas a quatro vezes este exercício. Tente se concentrar na respiração e em "abrir" a região lombar.

Modificação

- Se tiver problemas nos joelhos ou for uma pessoa muito rígida, deve flexionar os joelhos.
- Se for uma pessoa especialmente rígida, pode também praticar um estiramento adicional: agarrando-se aos arcos dos pés, e com o tronco flexionado para frente, deve esticar primeiro uma perna e voltar a flexioná-la; depois, deve fazer o mesmo com a outra perna e, por último, fazer o mesmo com as duas pernas ao mesmo tempo, para terminar rodando para cima, tentando manter as pernas esticadas.
- Se este estiramento for demasiado intenso para sua região lombar, reduza a amplitude do movimento.
- Se tiver problemas nos ombros, deve deixar as mãos sobre o colchonete, deslizando-as para frente durante o movimento; além disso, se tiver a nuca delicada, não force a posição da cabeça.

A ser levado em conta

- Trata-se, sobretudo, de um exercício de respiração e de alongamento da coluna, fundamentalmente na região lombar.
- Deve fixar os quadris para não deslocá-los, e os ossos dos quadris devem estar situados bem em cima das nádegas.
- Não se desloque para frente ao flexionar o tronco.
- A cabeça deve ser a última parte do tronco a se levantar, enquanto se reincorpora para recuperar a posição inicial. Ao rodar para cima, estique a coluna e crie um espaço entre cada vértebra sem se deslocar para trás.
- Os joelhos devem o tempo todo apontar para o teto e não devem girar para dentro ao flexionar o tronco para frente.
- Os pés devem estar flexionados e alinhados com a perna toda.

Transição

Este é o último exercício do sistema básico do colchonete. Se estiver realizando um sistema intermediário, continue dobrando os joelhos e aproximando os tornozelos do corpo para o *Balanço com as pernas separadas* (ver a pág. 129).

2
EXERCÍCIOS DO SISTEMA INTERMEDIÁRIO NO COLCHONETE

◆ **ESTIRAMENTO ALTERNADO COM AS PERNAS ESTICADAS**

NÍVEL TÉCNICO: intermediário.
REPETIÇÕES: 5 a 10 séries.
OBJETIVOS: fortalecer o centro de força, os músculos abdominais e as costas; esticar a parte posterior das pernas.

Posição inicial

Se você partir da posição final do *Estiramento das duas pernas:* de costas e com os dois joelhos flexionados na direção do peito, com os cotovelos estendidos para fora e com a cabeça levantada do colchonete. Estire as duas pernas na direção do teto, agarrando o tornozelo de uma delas com as duas mãos, enquanto faz descer a outra na diagonal, desde a base do quadril até a linha central do corpo, mantendo-a levantada do colchonete em um ângulo aproximado de 45 graus. Mantenha as costas completamente planas e a base das omoplatas pressionando o colchonete.

Movimento

Empurre uma perna sem flexioná-la na direção da orelha, ajudando-se com as mãos, ao mesmo tempo em que estira a outra perna para a diagonal e para baixo, dando dois impulsos para incrementar o estiramento. Inverta a posição das pernas com um movimento rápido e simultâneo, parecido com os de uma tesoura. Depois realize o impulso duplo com a outra perna (isto seria uma série). Repita o movimento mais quatro a nove séries.

Modificação

- Se tiver problemas nos joelhos, deverá mantê-los suavemente flexionados e seguros com as mãos por trás.
- Se for uma pessoa muito rígida, pode realizar um impulso duplo, segurando a coxa por trás da perna levantada e sem descer demais a outra perna; mantenha os joelhos suavemente esticados e reduza a amplitude dos movimentos praticando a tesoura com um movimento indolor.

Progressão

Uma vez alcançados o controle e a fluidez no movimento, aumente a rapidez de execução sem realizar o impulso duplo.

A ser levado em conta

- A dinâmica e a fluidez são importantes neste exercício.
- Lembre-se de que, antes de tudo, este é um exercício para a região abdominal. Mantenha as costas completamente apoiadas sobre o colchonete e fixe o olhar no umbigo.
- Durante o exercício, mantenha os joelhos sem flexionar e os cotovelos estendidos para os lados para conseguir o máximo de estiramento.
- Mantenha os pés suavemente esticados, continuando a linha das pernas.
- Se for principiante, não se obrigue a realizar todas as repetições com a cabeça levantada. Se durante o exercício sentir dor no pescoço ao manter a cabeça levantada, pode descansá-la apoiando-a de vez em quando no colchonete.

- Tente manter o tronco totalmente imóvel e evite que o corpo balance ou pule com o movimento das pernas.
- Não erga o corpo na direção da perna; deve aproximar a perna do peito.

Transição

Junte as duas pernas em um ângulo de 90 graus, coloque as mãos atrás da cabeça levantada e na base da nuca para preparar o exercício seguinte, *Estiramento das duas pernas esticadas*.

◆ **ESTIRAMENTO DAS DUAS PERNAS ESTICADAS**

NÍVEL TÉCNICO: intermediário.
REPETIÇÕES: 5 a 10.
OBJETIVOS: fortalecer os músculos abdominais e a região lombar.

Posição inicial

Como continuação do *Estiramento alternado com as pernas esticadas*, leve as duas pernas juntas na direção do teto e coloque as mãos por trás da nuca, uma sobre a outra, sem entrelaçar os dedos e mantendo os cotovelos abertos dos lados. Leve o queixo até o peito ao mesmo tempo em que levanta a cabeça e os ombros do solo, mantendo a base das omoplatas no colchonete. Repouse a cabeça sobre as mãos e estique a parte posterior do pescoço.

Movimento

Empurre o ventre para dentro e para cima e inspire enquanto, lentamente, faz descer tanto quanto puder as pernas para o colchonete, mantendo as costas coladas a este. Expire e, usando a musculatura abdominal, erga as pernas até a vertical com um movimento rápido. Repita este exercício mais 4 a 9 vezes.

Modificação

- Se for uma pessoa rígida, pode colocar as mãos sob o sacro em forma de V, com as palmas para baixo, e manter os joelhos levemente esticados.
- Se tiver o pescoço delicado, pode repousar a cabeça sobre o colchonete.

A ser levado em conta

- Faça a cabeça descansar sobre as mãos e leve seu peso para o centro do corpo. Tente não deixar os ombros tocarem o colchonete e mantenha os cotovelos estendidos para fora. Lembre-se de que nunca deve levantar a cabeça impulsionando-a com a nuca, mas usando o centro de força.
- Aproveite o centro de força para estabilizar a pélvis quando fizer subir e descer as pernas, pressionar as costas contra o colchonete e não permitir que estas se arqueiem ao baixar as pernas.
- Trabalhe enfatizando a fase de elevação das pernas.
- Durante a elevação, as pernas e os pés não devem ultrapassar a linha da cintura. Pare o movimento das pernas em um ângulo de 90 graus.

Transição

Mantenha as duas mãos atrás da cabeça e termine flexionando os joelhos na direção do peito para preparar o exercício *Entrecruzado*.

◆ ENTRECRUZADO

NÍVEL TÉCNICO: intermediário.
REPETIÇÕES: 1 a 2 séries.
OBJETIVO: fortalecer o centro de força, os músculos abdominais e a cintura; estirar as laterais do corpo.

Posição inicial

Coloque-se na posição inicial do exercício anterior, *Estiramento das duas pernas esticadas* (de costas, com as mãos uma sobre a outra atrás da nuca, e com os cotovelos estendidos para os lado), e flexione os joelhos na direção do peito.

Movimento

Flexione o joelho direito levando-o até o peito enquanto alonga a perna esquerda para a diagonal, em um ângulo de 45 graus. Ao mesmo tempo, gire a parte superior do corpo, aproxime o cotovelo esquerdo do joelho direito e puxe o cotovelo direito para trás, seguindo-o com o olhar enquanto o levanta por cima da orelha. Sem balançar o corpo de um para o outro quadril, mude de lado, concentrando-se no alongamento que vai se produzir atrás do corpo, deslocando o cotovelo direito na direção do joelho esquerdo, ao mesmo tempo em que estende a perna oposta. Nós lhe sugerimos, como padrão de respiração, inspirar durante uma série (direita-esquerda) e expirar durante a outra. Repita mais uma série.

Modificação

- Se estiver preparado para realizar este exercício, mas tiver a nuca delicada, não force o giro da cabeça e a deixe em posição neutra.

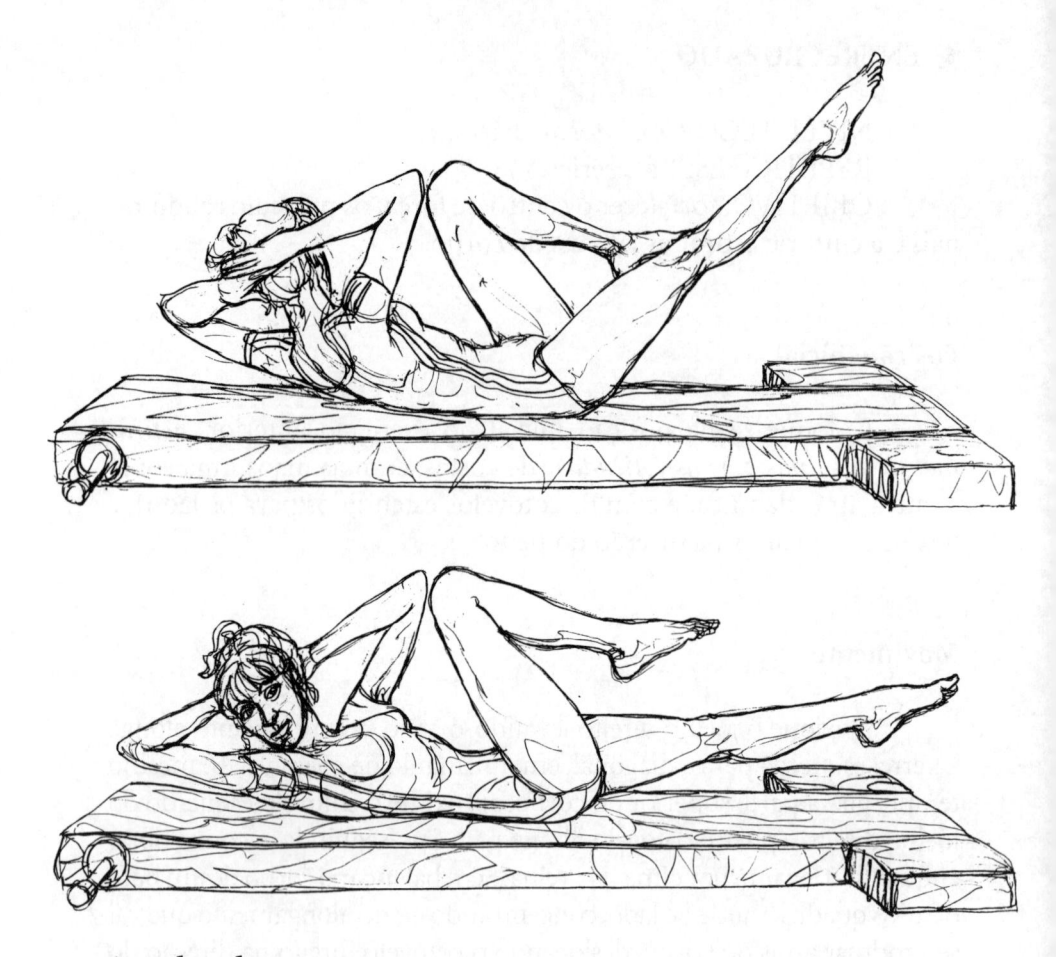

A ser levado em conta

- Se tiver as costas frágeis, delicadas ou lesionadas, evite os exercícios com torções.
- Leve o cotovelo até o joelho e não o contrário.
- Pode-se variar o ritmo do exercício fazendo uma parada na torção para incrementar o estiramento.
- Assegure-se de que os ombros e os cotovelos não estejam em contato com o colchonete ao fazer a torção, para trabalhar a fundo os músculos abdominais.

- Toda pessoa com problemas de estômago, rins, fígado ou hérnia deve ter cuidado ao realizar este exercício.
- Mantenha os cotovelos estendidos para fora o máximo que puder, durante o exercício.
- Não incline a perna que estiver estendendo e controle o ângulo apertando as nádegas.

Transição

Repouse a cabeça, dobre os joelhos na direção do peito e depois estenda-os juntos no colchonete. Rode a coluna vértebra por vértebra até se sentar e separe as pernas para o *Estiramento da coluna para frente* (ver a pág. 117).

◆ BALANÇO COM AS PERNAS SEPARADAS

NÍVEL TÉCNICO: intermediário.
REPETIÇÕES: 4 a 6.
OBJETIVOS: trabalhar o controle, o centro de força e o equilíbrio; massagear a coluna.

Posição inicial

A partir da posição inicial do *Estiramento da coluna para frente* (ver a pág. 117), flexione os joelhos até colocar os pés juntos, próximos das nádegas, com os dedos levemente esticados e tocando o colchonete. Com os braços esticados e os cotovelos entre os joelhos, agarre as pernas por cima dos tornozelos. Leve o ventre para dentro e empurre o umbigo na direção da coluna, ao mesmo tempo em que levanta os dedos dos pés do colchonete e se inclina para trás até ficar em equilíbrio sobre a base da coluna e com os joelhos flexionados separados a uma distância igual à amplitude dos ombros. Conserve os braços estendidos e estique as pernas em forma de V até alcançar com os pés uma amplitude um pouco superior à dos ombros.

Movimento

Leve o queixo até o peito e, com completo controle, rode para trás ao longo da coluna até levar seu peso até a base das omoplatas. Conservando o queixo no peito, rapidamente rode para cima e mantenha o equilíbrio sobre os quadris. Repita este exercício mais três a cinco vezes. Expire ao girar para trás e inspire ao girar para cima.

Modificação

- No princípio, pratique este exercício trabalhando apenas a posição inicial. Deve começar trabalhando o controle do seu equilíbrio, do seguinte modo: 1) junte as pontas dos pés no centro sem apoiá-los no colchonete; 2) estique as pernas até formar um V, mantendo o equilíbrio sobre a base da coluna; 3) junte as pernas esticadas; 4) separe as pernas e volte à posição em V; 5) dobre os joelhos enquanto volta à posição inicial. Realize o movimento quatro vezes.

- Se tiver as costas ancilosadas ou for uma pessoa muito rígida, é aconselhável realizar este exercício envolvendo cada arco plantar com uma pequena toalha e segurando-se nas suas pontas para puxar as pernas.
- Se tiver problemas nos joelhos, deve mantê-los suavemente esticados e segurar por trás das coxas com as mãos.

A ser levado em conta

- Elimine este exercício se tiver uma lesão nas costas.
- O segredo deste exercício consiste em trabalhar a partir do centro de força tanto ao iniciar a rotação para trás como ao retornar à posição sentada.
- Rode a coluna suavemente, com controle.
- Mantenha o queixo junto ao peito e evite impulsos bruscos com a cabeça ou o torso para retornar à posição sentada.

- A dinâmica e o ritmo são essenciais neste exercício. Ponha ênfase na subida e na posição de equilíbrio.
- Este é um dos últimos exercícios que você deve incorporar no sistema intermediário.

Transição

Junte as pernas no ar e, sem descê-las, rode o tronco sobre o colchonete ajudando-se com as mãos, deslocando-as ao longo das pernas para baixo para preparar o *Saca-rolhas*.

◆ **SACA-ROLHAS**

NÍVEL TÉCNICO: intermediário.
REPETIÇÕES: 3 séries.
OBJETIVOS: fortalecer e estabilizar o centro de força; flexibilizar a coluna; fortalecer as laterais do corpo.

Posição inicial

Coloque-se de costas, deitado na posição supina, com os braços estendidos ao longo do corpo e as palmas das mãos viradas para baixo. As pernas devem ficar na vertical, em um ângulo de 90 graus. Mantenha a região lombar pressionada contra o colchonete e estique a parte posterior do pescoço.

Movimento

Empurre o umbigo na direção da coluna ao mesmo tempo em que inicia a descrição de um círculo, fazendo balançar as pernas para a direita. Inspire na primeira metade do círculo. Sem mover os quadris, continue descrevendo o círculo para a esquerda, levando as pernas para baixo, depois para a esquerda – transversalmente ao corpo – e para cima até a posição inicial. Expire na segunda metade do círculo. Mantenha as costas planas sobre o colchonete e as pernas juntas durante o movimento. Por último, comece o círculo balançando as pernas para a esquerda. Pressione firmemente o colchonete com os ombros, os braços e as mãos (considere isto uma série). Faça mais duas séries.

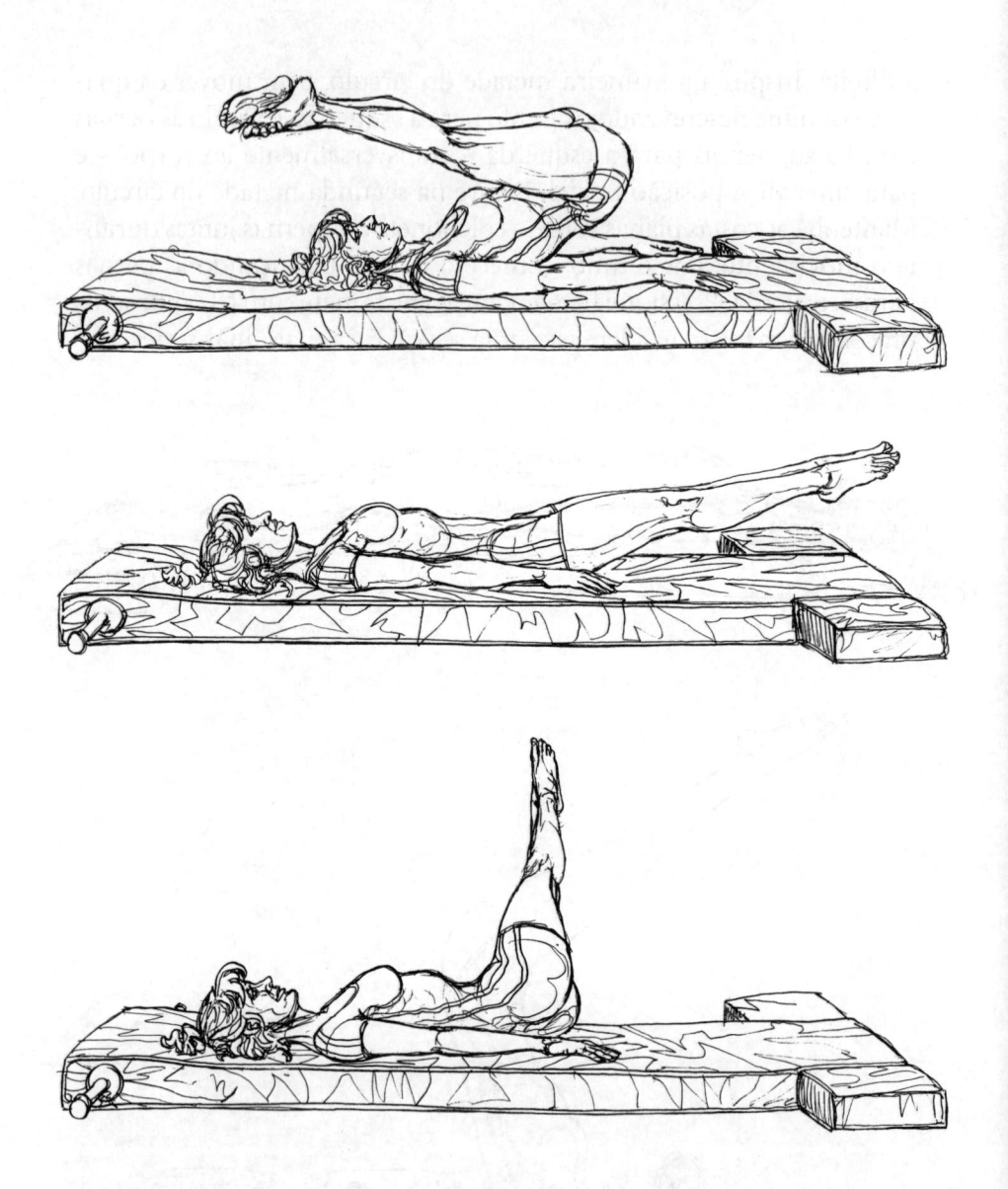

Modificação

- Se você for uma pessoa rígida, pode colocar as mãos em forma de V sob o sacro, com as palmas para baixo, e manter os joelhos levemente esticados, controlando o ângulo de descida das pernas.

Progressão

Há três níveis de dificuldade neste exercício:

1. Se você é um iniciante neste exercício, mantenha a coluna vertebral o tempo todo em contato com o colchonete.
2. À medida que adquirir controle no movimento, pratique descrever com as pernas um círculo mais amplo e, ao regressar ao centro, balance-se ligeiramente e eleve as quatro primeiras vértebras lombares do colchonete.
3. Quando estiver no sistema avançado, realize este exercício balançando as pernas por cima da cabeça sem incliná-las na direção do solo: girando o tronco ao estilo *Saca-rolhas* ao subir e baixar as pernas durante o círculo; fazendo descer o tronco ao mesmo tempo em que faz rodar a coluna até o quadril direito; descrevendo um grande círculo com as pernas até o outro lado enquanto roda sobre o quadril esquerdo; e continuando o movimento até levar as pernas acima da cabeça.

A ser levado em conta

- Mantenha as pernas juntas sem encurtar nem alongar uma mais que a outra, e mova-se com fluidez.
- Pressione contra o colchonete a parte superior das costas e os ombros, utilizando os braços e as palmas das mãos para ajudar a estabilizar o tronco.
- Alongue a parte posterior do pescoço e, quando realizar a versão do sistema avançado, não faça pressão sobre ele.

Transição

Termine flexionando os joelhos na direção do peito, e depois estique as pernas sobre o colchonete e rode para cima, vértebra por vértebra, até se sentar com as pernas estendidas e separadas, ultrapassando ligeiramente a amplitude dos quadris para preparar a *Serra*.

◆ SERRA

NÍVEL TÉCNICO: intermediário.
REPETIÇÕES: 3 séries.
OBJETIVOS: trabalhar a respiração ("esvaziar os pulmões"); esticar a coluna; estabilizar a pélvis.

Posição inicial

Coloque-se na posição do *Estiramento da coluna para frente* (ver a pág. 117) com as costas retas e erguidas, mas desta vez abra os braços para os lados, mantendo-os dentro do seu campo de visão periférico. Flexione os pés empurrando os calcanhares para longe dos quadris.

Movimento

Inspire e cresça nesta posição, mantendo os quadris firmes no colchonete. Gire para a direita a partir da cintura e, expirando, rode para baixo para ir "serrar" o dedo mínimo do pé direito com o dedo mínimo da mão esquerda, ao mesmo tempo em que alonga o braço direito para trás, levantando-o o mais alto possível até completar a expiração. Assegure-se de que o quadril oposto está firmemente pressionado sobre o colchonete. Relaxe o pescoço e, empurrando o umbigo na direção da coluna, inspire e rode para cima recuperando a posição central. Repita a seqüência para o lado esquerdo (considere isto uma série). Faça mais duas séries.

Modificação

- Se tiver problemas nos joelhos ou for uma pessoa muito rígida, deve flexionar os joelhos.
- Se tiver alguma lesão nos ombros ou na nuca, deve ter cuidado ao realizar este exercício. Para não machucar o ombro, o braço que está para trás deve descer ao girar o corpo, e inclusive pode cruzar os braços e colá-los ao corpo para realizar o exercício.

A ser levado em conta

- Se tiver lesões nas costas ou na coluna, omita este exercício, já que se trata de uma torção.
- Gire o corpo antes de se flexionar para frente. Mantenha os quadris alinhados e firmemente fixados no colchonete, assim como os joelhos apontando para o teto, enquanto realizar as torções e os estiramentos em ambos os lados.

Transição

Junte as pernas e, com um movimento fluido, ajude-se com as mãos para ficar deitado na posição pronada (de bruços) e preparar os *Círculos com a nuca*, caso realize o sistema intermediário, ou o *Mergulho do cisne* (ver a pág. 170), se estiver realizando o sistema avançado.

◆ CÍRCULOS COM A NUCA

NÍVEL TÉCNICO: intermediário
REPETIÇÕES: 1 série
OBJETIVOS: alongar a coluna através do centro de força; fortalecer as costas; estirar os músculos abdominais; abrir o peito; relaxar e trabalhar a mobilidade do pescoço.

Posição inicial

Deite-se na posição pronada com as mãos apoiadas no colchonete, sob os ombros, com os cotovelos junto ao corpo. Una as pernas na posição Pilates.

Movimento

Empurre o umbigo na direção da coluna e, alongando as pernas, eleve a cabeça e o peito até esticar completamente os braços. Utilizando o centro de força, e mantendo as omoplatas orientadas para baixo, inspire e gire a cabeça para o ombro direito; depois, deixe-a cair para o centro, expirando. Em seguida, faça-a girar para o ombro esquerdo e, por último, volte novamente à posição central. Realize o semicírculo com a cabeça sem mover os ombros nem os quadris.

Repita o círculo na direção oposta, inspirando por cima do ombro esquerdo e expirando durante o resto do círculo. Faça um só círculo em cada direção. Inspire e, mantendo o ventre para dentro, desça novamente para o colchonete.

Modificação

- Caso se perceba forçado e observe tensão na região lombar, pode apoiar as mãos à frente dos ombros.

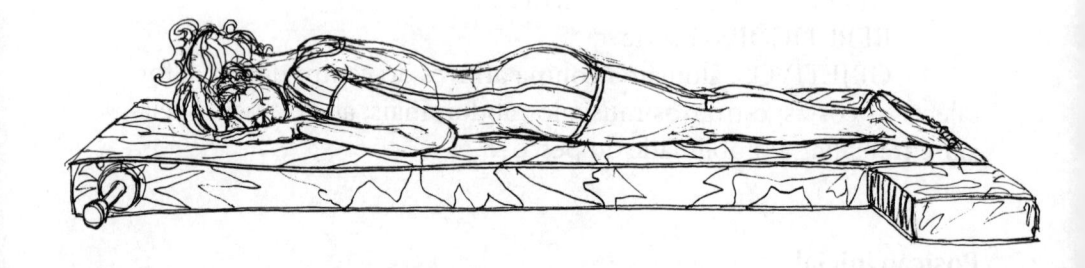

Exercícios do sistema intermediário no colchonete

A ser levado em conta

- Os arqueamentos das costas só devem ser realizados por aqueles que tenham alcançado um alto grau de controle do centro de força e por aqueles que não tiverem problemas na coluna.
- Os três exercícios feitos na posição deitada pronada do sistema intermediário devem ser introduzidos na seguinte ordem: 1) *Pontapé com uma perna*; 2) *Círculos com a nuca*; e 3) *Pontapé com as duas pernas*.
- Mantenha a caixa bem alinhada e utilize as mãos o mínimo possível.
- Se tiver lesões nos ombros, cotovelos ou pulsos, não realize este exercício.
- Mantenha as pernas juntas, como se fossem uma só, e empurre os pés na direção do colchonete e afastados dos quadris.
- Os *Círculos com a nuca* constituem uma preparação para outro exercício mais avançado: o *Mergulho do Cisne* (ver a pág. 170).

Transição

Descanse sobre o colchonete e coloque os braços flexionados à frente dos ombros para preparar o *Pontapé com uma perna*.

◆ PONTAPÉ COM UMA PERNA

NÍVEL TÉCNICO: intermediário.
REPETIÇÕES: 5 a 8 séries.
OBJETIVOS: fortalecer o centro de força e a parte posterior das coxas e dos glúteos; estabilizar a pélvis; alongar as coxas, a parte frontal dos quadris e dos joelhos; abrir o peito.

Posição inicial

Partindo da posição do exercício anterior, coloque os braços flexionados à frente dos ombros, com os cotovelos abertos e apoiados no colchonete, bem abaixo dos ombros. Feche as mãos em um punho, exercendo uma pressão firme com os punhos e a pélvis sobre o colchonete, eleve os músculos abdominais e levante o peito e a cabeça. Mantenha o olhar alto e as pernas juntas e esticadas sobre o colchonete.

Movimento

Dê-se um pontapé com o pé direito mediante um duplo rebote da perna, enquanto alonga ainda mais a outra perna no colchonete. Mantenha a pélvis pressionada contra o colchonete e não mexa os quadris. Mude a posição das pernas no ar e realize a mesma ação com a perna contrária (isto é uma série). Repita a série mais quatro a sete vezes.

Modificação

- Embora Joseph Pilates preferisse fechar os punhos e uni-los, como se abraçasse uma enorme bola, você pode optar por colocar as mãos em outras posições: planas no colchonete ou com os punhos fechados e separados, em ambos os casos com os antebraços paralelos, perpendiculares aos ombros e apoiados sobre o colchonete.

A ser levado em conta

- Se tiver problemas na coluna ou esta for frágil, não deve realizar este exercício. Lembre-se de que os arqueamentos das costas só devem ser realizados por aqueles que tiverem alcançado um alto grau de controle do centro de força e pelas pessoas que não tiverem problemas na coluna.

- Leve o umbigo até a coluna vertebral para não "afundar" a parte inferior das costas.
- Mantenha o pescoço esticado enquanto olhar para frente e não permita que o peso do tronco se desloque para a nuca e para os ombros.
- Conserve os joelhos e a parte superior das coxas o tempo todo juntos.
- Se tiver problemas nos joelhos, deve tomar cuidado. Não faça este exercício se lhe causar dor trabalhar com controle e lentamente o movimento de aproximação do calcanhar com a nádega, como um estiramento do joelho.

Transição

Se não for realizar o exercício seguinte, *Pontapé com as duas pernas*, termine sentado sobre os calcanhares para relaxar e alongar a região lombar. Nós denominamos esta posição de "posição de descanso". Se for realizar o exercício seguinte, desça, com controle, novamente o peito e a cabeça sobre o colchonete e apóie uma face sobre este. Junte as mãos sem entrelaçar os dedos o mais alto que possa entre as omoplatas.

Posição de descanso

Uma vez terminado o exercício, utilize as mãos para se ajoelhar com as costas arredondadas e a frente na direção dos joelhos. Estire os braços sobre o colchonete à frente da cabeça e empurre os quadris na direção dos calcanhares para aumentar o alongamento da região interior da coluna. Também pode manter os braços relaxados dos dois lados das pernas. Esta é uma excelente maneira de descansar e alongar as costas no sentido oposto.

Se tiver problemas nos joelhos ou estes forem delicados, deve modificar a posição de descanso sobre as costas, flexionando os joelhos e abraçando-os contra o peito, com as mãos por trás das coxas.

◆ PONTAPÉ COM AS DUAS PERNAS

NÍVEL TÉCNICO: intermediário.
REPETIÇÕES: 2 séries.
OBJETIVOS: fortalecer o centro de força, as costas, os glúteos e a parte posterior das coxas; alongar a parte frontal do tronco.

Posição inicial

Coloque-se deitado na posição pronada com as pernas juntas e esticadas. Gire a cabeça para apoiar uma face no colchonete, junte as mãos sem entrelaçar os dedos, com as palmas para cima, e coloque-as o mais alto que possa entre as omoplatas, tentando manter os ombros e os cotovelos em contato com o colchonete.

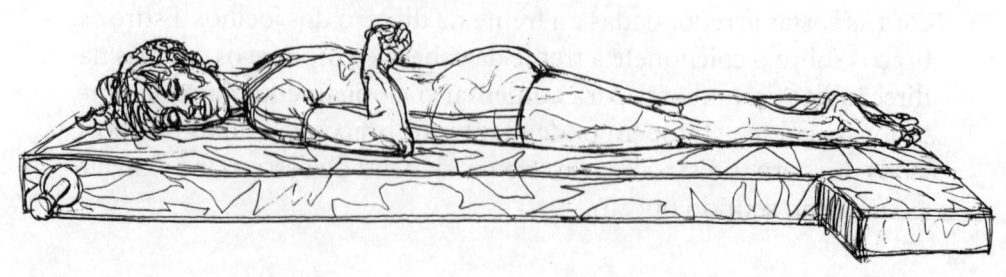

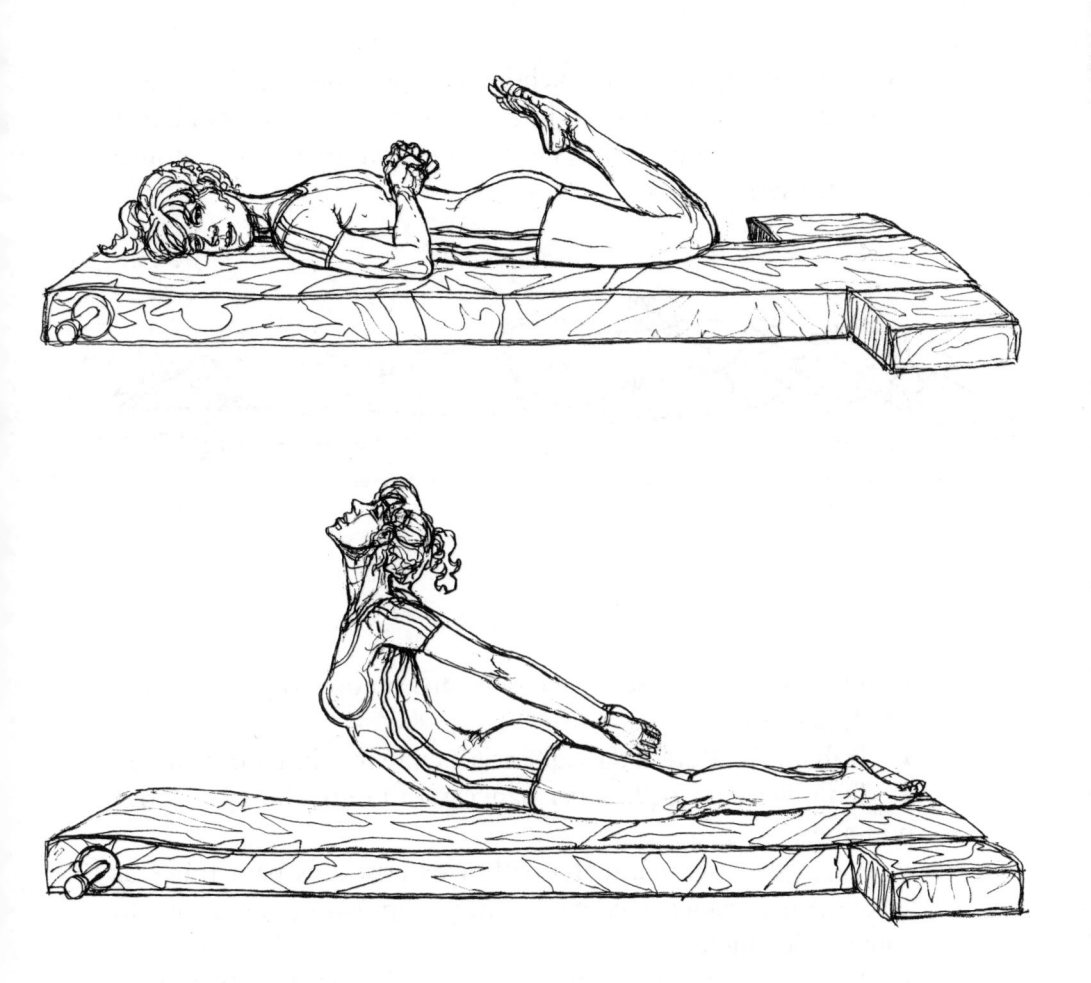

Exercícios do sistema intermediário no colchonete

Movimento

Flexionando os dois joelhos, e mantendo os quadris pressionando o colchonete, dê três pontapés rápidos nas nádegas. Estique as pernas na direção do colchonete. Quando estas regressarem ao colchonete, inspire ao mesmo tempo em que estica os braços por cima das nádegas com as mãos próximas do corpo, e alongue as pernas sem levantar os pés do solo; ao mesmo tempo, eleve o tronco arqueando-o para trás. Mantenha a cabeça o mais elevada possível. Depois, faça descer o corpo para regressar ao colchonete, expirando, e apóie a outra face, levando as mãos à posição inicial com os cotovelos para baixo. Realize a seqüência uma vez mais para completar uma série. Complete mais outra série.

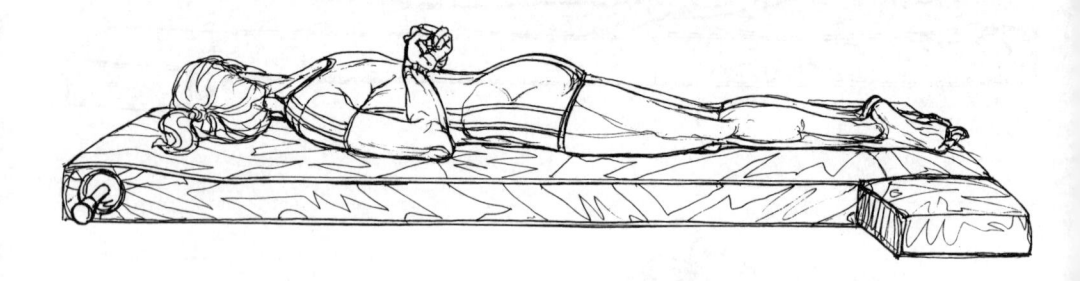

A ser levado em conta

- Se tiver alguma lesão nas costas, nos ombros ou no pescoço, não faça este exercício.
- Trabalhe na fluidez da seqüência e evite movimentos bruscos.
- Tente fazer os joelhos permanecerem juntos durante os três pontapés.
- Ao arquear-se, mantenha os braços esticados para trás e as mãos sobre as nádegas, com as pernas sempre juntas e em contato com o colchonete.
- As pessoas com problemas nos joelhos devem ter cuidado.
- Se tiver sofrido alguma lesão nos pulsos, realize este exercício com cuidado.

Transição

Termine sentando-se sobre os calcanhares na "posição de descanso" para relaxar a região lombar. Volte para a posição deitada supina, com as mãos sobrepostas atrás da nuca e os cotovelos abertos para os lados. As pernas devem estar esticadas e separadas na amplitude dos quadris, com os pés flexionados para preparar o exercício seguinte, *Estiramento da nuca*.

◆ ESTIRAMENTO DA NUCA

NÍVEL TÉCNICO: intermediário.
REPETIÇÕES: 3 a 5.
OBJETIVOS: fortalecer o centro de força; articular e estirar a coluna; estirar a nuca e a parte posterior do corpo; melhorar a postura.

Posição inicial

Deite-se de costas com as pernas esticadas e separadas a uma distância equivalente à amplitude dos quadris e com os pés flexionados. Coloque as mãos uma sobre a outra na base da nuca, mantendo os cotovelos abertos e tocando o colchonete. Empurre o umbigo na direção da coluna.

Movimento

Com os cotovelos abertos, faça rodar a cabeça para frente até que o queixo chegue ao peito; inspire e continue rodando com fluidez, como se o tronco fosse uma grande roda, levantando os ombros e as costas do colchonete, vértebra por vértebra; expire e continue "enrolando-se" por cima dos quadris na direção do estômago, mantendo os cotovelos abertos e as pernas firmemente coladas no colchonete. Inspire e "desenrole" o tronco até se sentar com as costas retas, empurrando a base da nuca contra as mãos. Alinhe cabeça, pescoço e coluna e alongue as costas a partir da cintura. Segure o ar e, apertan-

O autêntico método Pilates

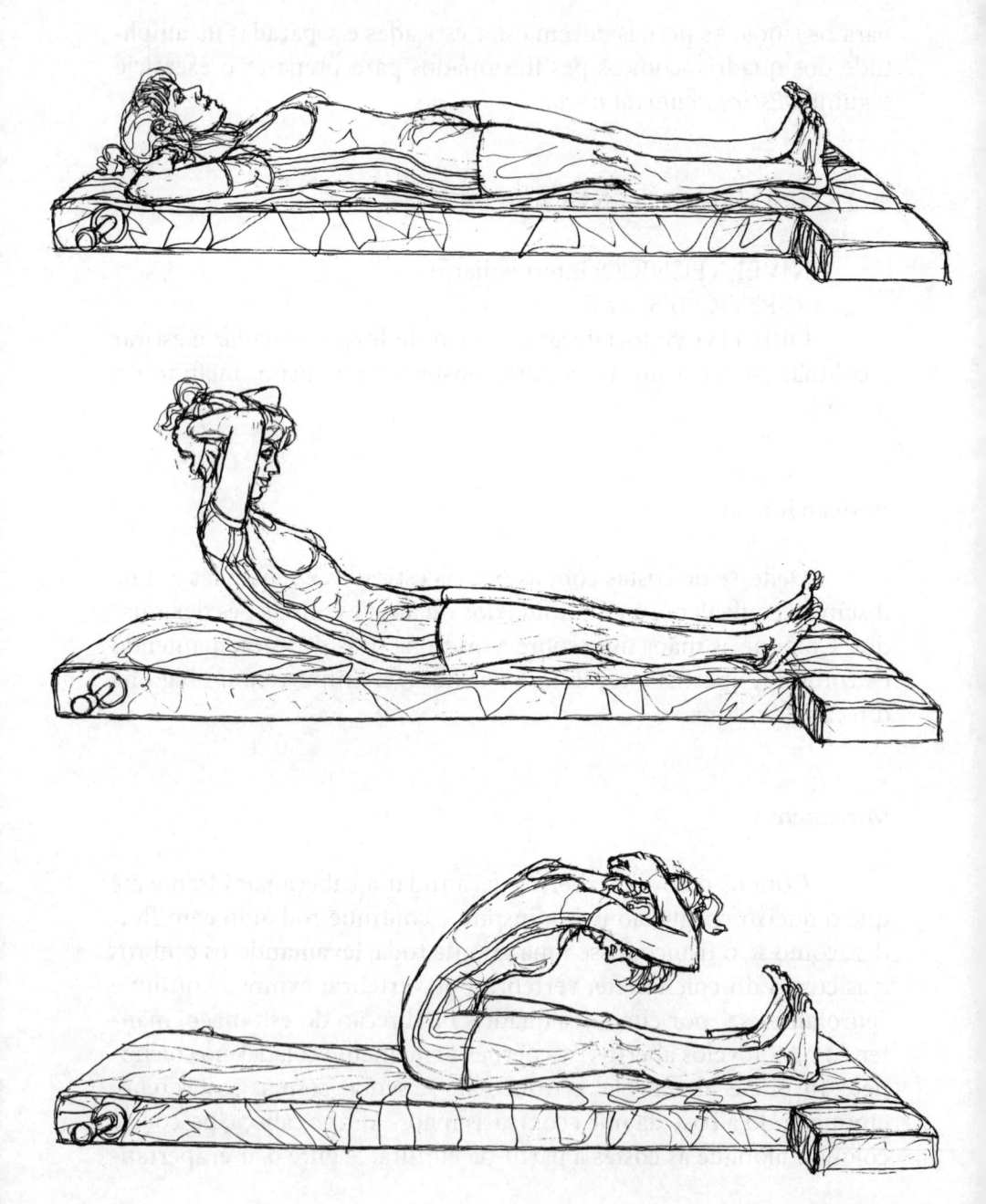

do as nádegas e empurrando os calcanhares para longe dos quadris, comece a descer para o colchonete, vértebra por vértebra; quando a cintura houver tocado o colchonete, comece a expirar até completar a rotação para trás.

Modificação

- Se tiver problemas na nuca ou nos ombros, deve rodar com a ajuda das mãos, deslizando-as para os lados das pernas, mas sem dobrar os cotovelos.
- Também pode combinar agarrar as coxas com as mãos ao subir e ao se esticar para frente; depois, coloque as mãos atrás da base da nuca para desenrolar o tronco até ficar na posição sentada. Para iniciar a descida, coloque as mãos novamente nas coxas.
- As pessoas rígidas, com problemas nos joelhos e na coluna, devem realizar este exercício com os joelhos flexionados para facilitar a articulação da coluna.

Progressão

As pessoas avançadas realizam este exercício com uma dinâmica mais rápida, realizando uma só inspiração e uma só expiração.

A ser levado em conta

- Rode para cima com controle e fluidez.
- Durante o exercício, empurre o queixo para dentro ao mesmo tempo em que estira a nuca.
- Não puxe a cabeça para frente, pois isto sobrecarregaria os músculos do pescoço.

Transição

Baixe os braços dos lados do corpo e coloque-se de lado para a série de pontapés laterais, caso esteja realizando um sistema intermediário, ou para se preparar para o exercício *Canivete suíço* (ver a pág. 173), se estiver realizando um sistema avançado.

SÉRIE DE PONTAPÉS LATERAIS

◆ **PARA FRENTE/PARA TRÁS**

NÍVEL TÉCNICO: intermediário.
REPETIÇÕES: 5 a 10.
OBJETIVOS: fortalecer o centro de força, os quadris e os glúteos; alongar a parte superior das pernas e das coxas; trabalhar a mobilidade da articulação dos quadris e o equilíbrio.

Posição inicial

Deite-se de lado num dos lados do colchonete, com as pernas juntas e esticadas. Flexionando o cotovelo do braço inferior, leve a mão atrás da nuca e repouse a cabeça nela, esticando o pescoço. Mantenha-se olhando para frente. Alinhe o tronco com a reta que une o cotovelo flexionado e o cóccix. Mantenha os quadris um sobre o outro, na perpendicular. Coloque o outro braço na frente do corpo, com a mão apoiada no colchonete e o antebraço pressionando o tronco. Empurre o umbigo na direção da coluna. Tome os quadris como vértice e forme um ligeiro ângulo levando as pernas juntas e esticadas para frente do tronco na posição Pilates, rodando ligeiramente para fora do quadril e da coxa. Mantenha a caixa bem alinhada.

Movimento

Com o pé superior levemente esticado, prolongando a linha da perna, eleve-o exatamente no nível do quadril. Partindo do centro de força, e sem balançar os quadris, lance a perna para frente em dois impulsos. No primeiro, dê o pontapé e no segundo tente ir mais longe. Mantendo a perna no nível do quadril, com controle (imagine que é um pêndulo), e sem mexer a posição do tronco, lance-a para trás o mais longe possível.

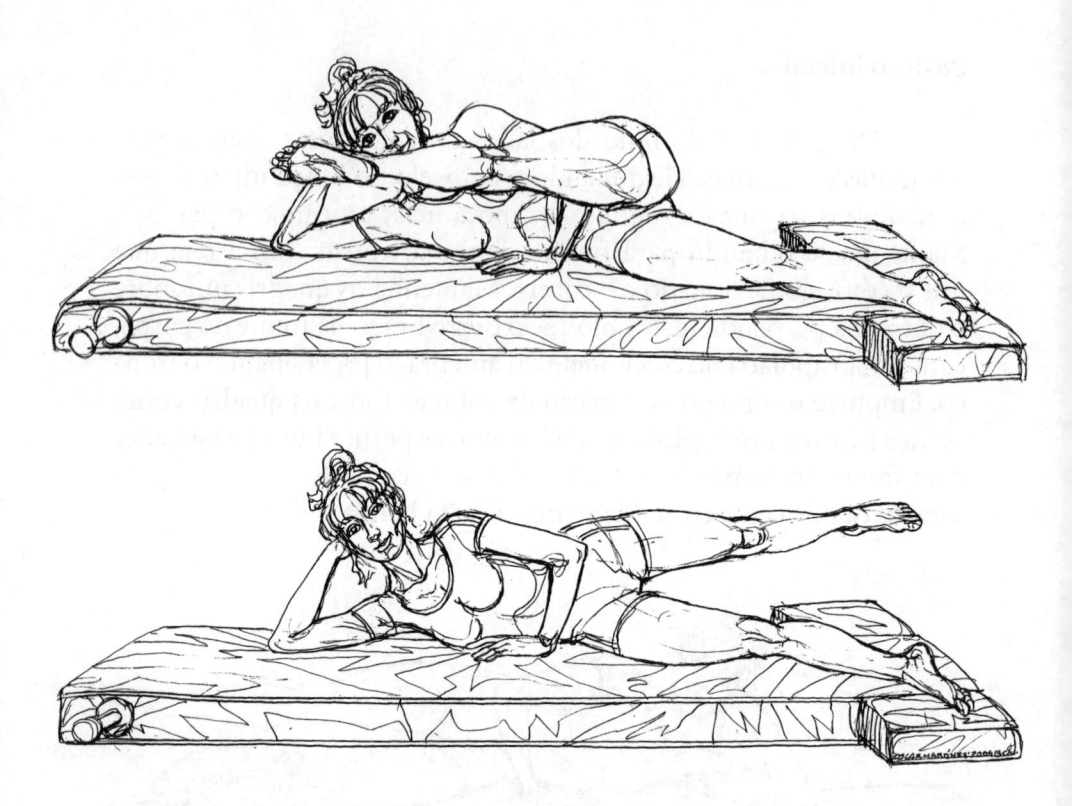

Modificação

• Se tiver problemas na nuca, ombros, cotovelos ou pulsos, pode esticar o braço flexionado sobre o colchonete e repousar a cabeça nele, colocando uma toalha dobrada entre a cabeça e o braço, contanto que esta posição não lhe cause dor.
• Se for uma pessoa com os músculos gêmeos muito rígidos ou desenvolvidos, pode flexionar o pé durante os pontapés.

Progressão

Quando tiver alcançado um bom nível de controle, pode levantar o braço superior do colchonete e flexioná-lo por trás da cabeça, esticando-o a partir do cotovelo na direção do teto. Assegure-se de que mantém os dois ombros perfeitamente alinhados, um sobre o outro. Também pode realizar o movimento pendular da perna com mais fluidez, e sem efetuar o duplo impulso.

A ser levado em conta

- Se tiver problemas ou dor na coluna, é aconselhável não realizar este exercício.
- Lembre-se de que é um exercício para fortalecer o centro de força. Use-o para estabilizar o tronco mantendo-o reto, esticado e firme.
- Somente a perna deve se mover livremente, oscilando como um pêndulo no nível do quadril. As pernas devem estar esticadas, mas distendidas. Os pés devem prolongar a linha das pernas, sem deixar que eles subam ou desçam do nível do quadril durante o exercício.
- Se for incapaz de manter o corpo imóvel, deve limitar a amplitude do movimento e começar com movimentos menores.
- Não se incline sobre os ombros e conserve ombro sobre ombro e quadril sobre quadril enquanto dá os pontapés.
- Se tiver problemas nos joelhos, deve ter cuidado com esta variação da série de pontapés laterais. Nós sugerimos que realize primeiro o exercício *Para cima/para baixo*.

Transição

Volte a juntar as pernas e os calcanhares para preparar o exercício *Para cima/para baixo*.

◆ PARA CIMA/PARA BAIXO

NÍVEL TÉCNICO: intermediário.
REPETIÇÕES: 3 a 5.
OBJETIVO: fortalecer o centro de força, os quadris, a face interna e externa das coxas e os glúteos; estender e alongar as pernas.

Posição inicial

Adote a posição inicial do exercício anterior, com a perna ligeiramente girada para fora a partir da articulação do quadril, de modo que o joelho aponte para o teto. Mantenha ombro sobre ombro e quadril sobre quadril.

Movimento

Alongando a perna superior, lance a perna para cima na direção da orelha. Evite que o quadril de cima gire para trás. Resistindo com a face interna da coxa, pressione a perna para baixo, estendendo-a ao máximo a partir da articulação do quadril até juntar os calcanhares. Repita mais duas a quatro vezes.

Modificação

- Se tiver problemas na nuca, nos ombros, nos cotovelos ou nos pulsos, pode estender o braço flexionado sobre o colchonete e repousar a cabeça nele, colocando uma toalha dobrada entre a cabeça e o braço, contanto que esta posição não lhe cause dor.
- Se for uma pessoa com os músculos gêmeos muito rígidos ou desenvolvidos, pode flexionar o pé ao descer a perna durante os pontapés.

Exercícios do sistema intermediário no colchonete

157

Progressão

A mesma que no exercício anterior: coloque a mão que está no colchonete por trás da cabeça apontando o cotovelo para o teto e estendendo o pescoço.

A ser levado em conta

- Se tiver problemas ou dor na coluna, é aconselhável não realizar este exercício.
- Utilize o centro de força para estabilizar o tronco e mantê-lo reto, estendido e firme.
- Assegure-se de que, ao elevar a perna, os quadris não rodem para frente nem para trás, e mantenha a caixa bem alinhada.
- As pernas devem estar bem estiradas e distendidas e os pés devem prolongar a linha das pernas.
- Assegure-se de manter uma leve rotação para fora no quadril e na coxa durante o exercício.

Transição

Mantenha as pernas na posição Pilates para preparar o exercício seguinte, *Pequenos círculos*.

◆ PEQUENOS CÍRCULOS

NÍVEL TÉCNICO: intermediário.
REPETIÇÕES: 5 em cada direção.
OBJETIVOS: fortalecer o centro de força e os quadris; trabalhar a mobilidade na articulação da perna com o quadril.

Posição inicial

A mesma que no exercício anterior. Use o centro de força para manter a estabilidade da caixa.

Movimento

Elevando a perna superior, e com um ritmo vigoroso, descreva cinco pequenos círculos para frente, tocando o calcanhar da perna de baixo em cada círculo. Em seguida, e sem descer a perna, descreva outros cinco círculos invertendo a direção.

Este é o último exercício da série de pontapés laterais do sistema intermediário. Uma vez finalizada toda a série com uma perna, estenda-se sobre o ventre para colocar-se sobre o lado oposto e realizar toda a série com a outra perna.

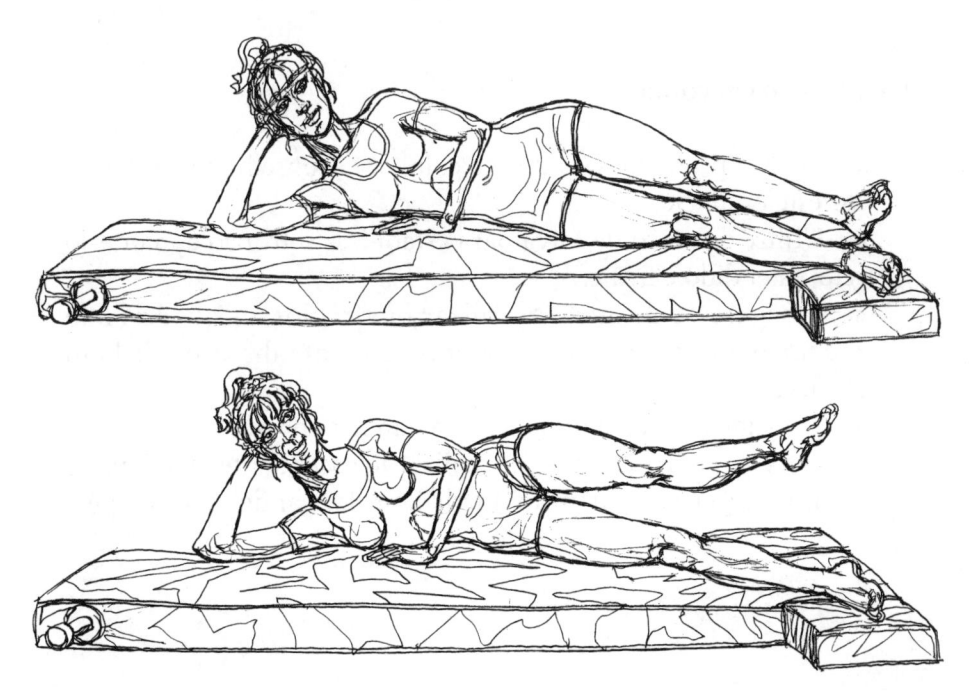

Modificação

- Se tiver problemas na nuca, nos ombros, nos cotovelos ou nos pulsos, pode estender o braço flexionado sobre o colchonete e repousar a cabeça nele, colocando uma toalha dobrada entre a cabeça e o braço, contanto que esta posição não lhe cause dor.
- Se for uma pessoa com os músculos gêmeos muito rígidos ou desenvolvidos, pode flexionar o pé durante os círculos.

Progressão

A mesma que no exercício anterior: coloque a mão que está no colchonete por trás da cabeça, apontando o cotovelo para o teto e estendendo o pescoço.

A ser levado em conta

- Se tiver problemas ou dor na coluna, é aconselhável não realizar este exercício.
- Utilize o centro de força para estabilizar o tronco e mantê-lo reto, estendido e firme.
- Assegure-se de que, ao realizar os círculos, os quadris não rodem para frente nem para trás, e mantenha a caixa bem alinhada.
- Trabalhe na região do quadril, e não nas coxas.
- Deve-se enfatizar a fase de realização ascendente do círculo e estender a perna a partir do quadril, prolongando-a com o pé.

Transição

Uma vez que tenha terminado a série de pontapés laterais com as pernas, deite-se sobre as costas, com as pernas dobradas na direção do peito, para realizar *O brincalhão I*. Se estiver realizando o sistema avançado, deve escolher fazer apenas os exercícios da série de pontapés laterais do sistema avançado, começando com a *Bicicleta para frente/para trás* (ver a pág. 189).

◆ O BRINCALHÃO I

NÍVEL TÉCNICO: intermediário.
REPETIÇÕES: 3 a 5.
OBJETIVOS: aprofundar-se no centro de força; desenvolver o controle do equilíbrio.

Posição inicial

Deite-se de costas com as pernas dobradas na direção do peito e com os braços estendidos sobre a cabeça e alinhados com as orelhas. Leve o umbigo na direção da coluna e mantenha o centro do corpo o mais firme possível. Estenda as pernas juntas e na posição Pilates, formando um ângulo de 45 graus com o solo.

Movimento

Levante os braços na direção do teto. Leve o queixo até o peito, partindo do centro de força, e, alongando os dedos das mãos como se quisesse tocar os dedos dos pés, inspire e rode para cima até descrever um V com as pernas e as costas. Mantenha a posição em V em equilíbrio sobre os ossos do quadril e, sem mover as pernas, controle a descida para o colchonete, rodando lentamente vértebra por vértebra. Quando a cabeça se apoiar no colchonete, leve os braços estendidos acima da cabeça alinhados com as orelhas. Repita esta seqüência mais duas a quatro vezes.

Modificação

- Se for principiante neste exercício, pode praticá-lo contra a parede da seguinte forma: deve se colocar de frente para a parede, formando um ângulo de 45 graus com as pernas, apoiando os pés sobre a parede durante a subida e a descida do tronco.
- Se for uma pessoa rígida ou lhe for difícil rodar a coluna até a posição em V, flexione um pouco os joelhos ao rodar o corpo para cima e para baixo.

Progressão

Uma forma mais completa de realizar *O brincalhão I* é a seguinte: uma vez na posição de V, levante os braços na direção do teto e ao lado das orelhas. Estenda o corpo a partir da cintura e faça o tronco rodar para baixo ao mesmo tempo em que alonga os braços e os orienta na direção da parede de trás.

A ser levado em conta

- Se tiver problemas nas costas ou elas lhe doerem, não realize este exercício.
- Mantenha firme o centro de força.
- Mantenha o ângulo de 45 graus com as pernas na subida e na descida. Alongue os pés na direção da diagonal em frente.
- A fluidez e o controle neste exercício são indispensáveis. Não eleve bruscamente o corpo nem se incline no colchonete.

Transição

Flexione os joelhos na direção do peito, estenda as pernas sobre o colchonete e rode a coluna até ficar sentado para o exercício *A foca*, caso se encontre realizando o sistema intermediário; ou mantenha a posição inicial para *O brincalhão II* (ver a pág. 209) se estiver realizando o sistema avançado.

◆ A FOCA

NÍVEL TÉCNICO: intermediário.
REPETIÇÕES: 6.
OBJETIVOS: massagear a coluna; relaxar e regressar ao centro de força; trabalhar o equilíbrio e a coordenação.

Posição inicial

Adote a posição inicial de *Rolar como uma bola* (ver a pág. 109), mas desta vez separe os joelhos adotando uma posição em V a uma distância equivalente à amplitude dos ombros e coloque as mãos na face interna das pernas por baixo e em torno dos tornozelos. Incline-se para trás para se equilibrar sobre as nádegas e o cóccix, e levante os pés do solo. Relaxe o pescoço deixando cair a cabeça para frente.

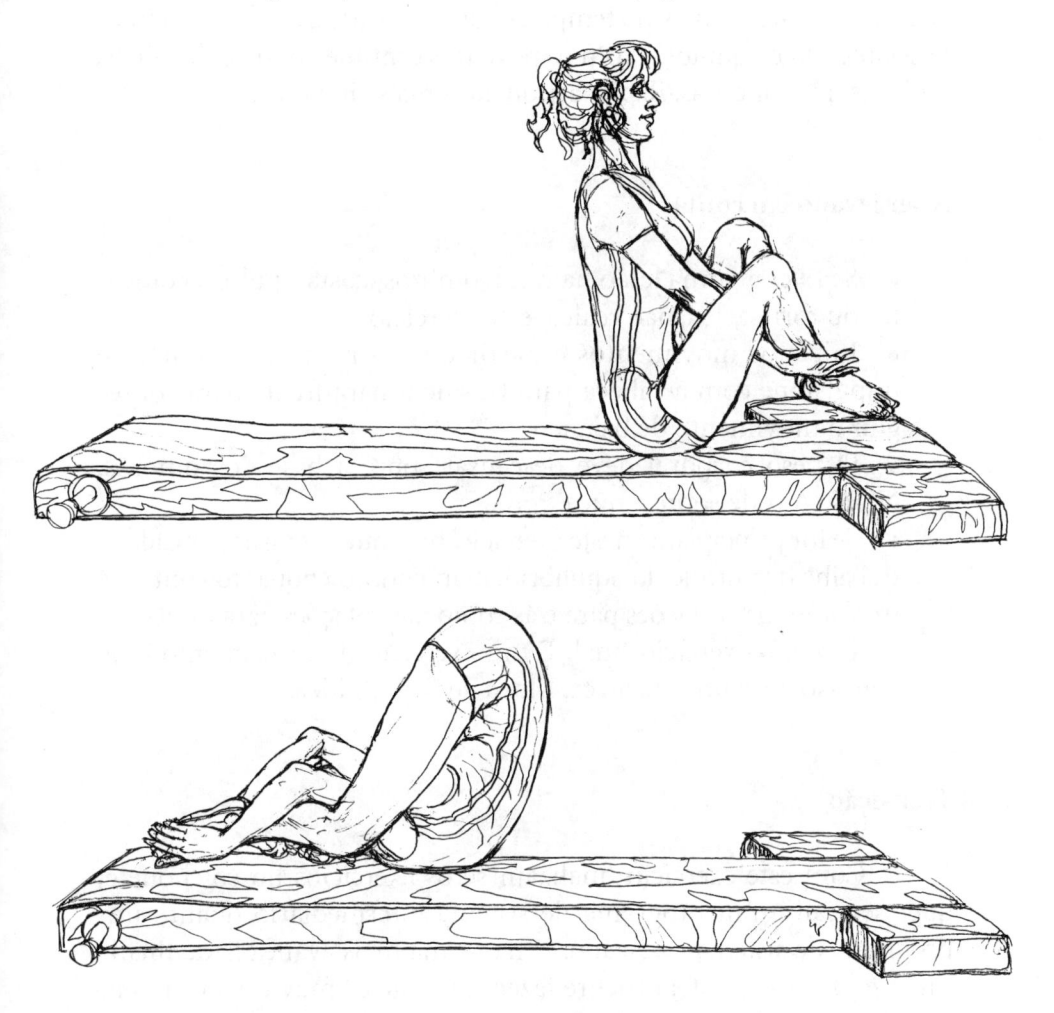

Movimento

Inspire enquanto empurra o umbigo na direção da coluna e rode para trás até os ombros. Levante as nádegas até apontá-las para o teto, mantendo os pés a três centímetros do colchonete. Uma vez nesta posição, mantenha o equilíbrio e, separando e juntando os pés, dê três pancadas rápidas com eles. Conserve os pés relaxados. Utilize o centro de força e expire, ao mesmo tempo em que faz rodar a coluna para frente. Mantendo o equilíbrio com os pés a três centímetros do colchonete, repita as três pancadas. Repita a seqüência mais cinco vezes.

A ser levado em conta

• Se tiver alguma lesão na nuca, ombros, costas, pulsos, cotovelos ou tornozelos, não realize este exercício.
• Inicie os movimentos a partir do centro de força e não se impulsione com a cabeça para trás nem para frente para conseguir o movimento de balanço.
• O peso corporal deve descansar sobre a base dos ombros. NUNCA rode sobre a nuca.
• Se for principiante neste exercício, pratique-o sem as pancadas e trabalhe o controle do equilíbrio, mantendo-o enquanto conta até três, tanto nas rotações para trás como nas rotações para frente.
• Este é o exercício final. É um exercício de relaxamento e de regresso ao centro de força. Mova-se com fluidez.

Transição

Com este exercício finalizam-se os exercícios no colchonete, quer se realize um programa de sistema intermediário quanto um programa de sistema avançado. Uma forma mais avançada de finalizar *A foca* é a seguinte: procure fazer com que os movimentos criem inércia, e quando estiver prestes a completar a sexta repetição, cruze os pés na posição de trás, relaxe as mãos e rode para frente até ficar de pé e na posição Pilates.

3
EXERCÍCIOS DO SISTEMA AVANÇADO NO COLCHONETE

◆ **ELEVAÇÃO DAS PERNAS PARA TRÁS**

NÍVEL TÉCNICO: avançado.
REPETIÇÕES: 3 em cada direção.
OBJETIVOS: fortalecer o centro de força; trabalhar a articulação da coluna e o estiramento de toda parte posterior do corpo.

Posição inicial

Deite-se de costas com os braços estendidos ao lado do corpo e com as palmas das mãos para baixo. As pernas devem estar juntas e estendidas, as costas completamente coladas ao colchonete e a parte posterior do pescoço estendida.

Movimento

Inspire e, usando o centro de força e pressionando com os braços e as palmas das mãos no colchonete, rode para trás levantando as pernas do colchonete por cima da cabeça até tocá-la com as pontas dos pés. Expire e separe as pernas até alcançar uma amplitude um pouco maior que a dos quadris. Flexione os pés e leve os calcanhares para trás para aumentar o alongamento. Articule os pés empurrando com os dedos, e inspire ao mesmo tempo em que roda sobre a coluna, vértebra por vértebra, e mantém as coxas o mais próximo possível do peito (mas com as pernas separadas a uma amplitude um pouco maior que a dos quadris). Quando a coluna repousar completamente sobre o colchonete, expire lentamente enquanto baixa e junta as

Exercícios do sistema avançado no colchonete

pernas sem chegar a tocar o colchonete e sem arquear a coluna. Em seguida, volte a juntar e levantar as pernas por cima da cabeça. Depois de três repetições, inverta o movimento das pernas: levante as pernas para trás, separadas, e junte-as enquanto desce rodando a coluna sobre o colchonete. Repita mais duas vezes nesta direção.

Modificação

- Se tiver as costas, pernas ou coxas rígidas, pode trabalhar a elevação das pernas para trás paralelas ao solo. Trabalhe os movimentos somente até onde puder controlá-los.

A ser levado em conta

- Se sentir dores freqüentes na nuca ou na região lombar, omita este exercício.
- Use o centro de força para levantar as pernas e não deixe que seja o peso das pernas que as impulsione.
- É muito importante que realize este exercício com dinâmica, fluidez e controle. Enfatize o momento de elevar as pernas por cima da cabeça.
- Não deixe o peso do corpo cair sobre a nuca e não rode sobre ela.
- Gire ligeiramente os quadris e as coxas para fora para aumentar o controle dos movimentos.
- Se não for capaz de baixar as pernas sem que elas se inclinem no colchonete ou sem dobrar os joelhos, é preferível que deixe este exercício para mais adiante.

Transição

Na última repetição, quando tiver rodado sobre a coluna e esta estiver completamente apoiada sobre o colchonete, mantenha uma perna elevada e baixe a outra para preparar o exercício *Círculos com uma perna* (ver a pág. 104).

◆ MERGULHO DO CISNE

NÍVEL TÉCNICO: avançado.
REPETIÇÕES: 4 a 6.
OBJETIVOS: flexibilizar a coluna; trabalhar a respiração e o controle; fortalecer as costas.

Posição inicial

Este exercício é a progressão de *Círculos com a nuca* (ver a pág. 139). Deite-se na posição pronada com as palmas das mãos apoiadas no colchonete bem abaixo dos ombros. Junte as pernas sobre o colchonete na posição Pilates. Empurre o umbigo na direção da coluna ao mesmo tempo em que inspira, alonga as pernas, eleva a cabeça e o peito e estira os braços.

Movimento

Ao expirar, solte as mãos diretamente para frente, com as palmas para cima e os braços estendidos, usando o impulso do balanço do tronco para frente; levante as pernas estendidas e juntas o mais alto possível. Inspire e balance o tronco para trás, elevando o peito para arquear a parte superior das costas, dirigindo as palmas das mãos na direção dos pés. Realize quatro a seis repetições deste exercício. Depois, coloque as mãos sobre o colchonete e sente-se sobre os calcanhares, com a frente apoiada o mais próximo possível dos joelhos, adotando a "posição de descanso".

A ser levado em conta

- Se tiver dores ou lesões nas costas, não realize este exercício.
- Este é um dos últimos exercícios que deveria introduzir no programa avançado.

- Os arqueamentos das costas só devem ser realizados por aqueles que controlem perfeitamente o centro de força (não se esqueça de utilizá-lo durante todo o exercício).
- Mantenha as pernas juntas.
- Comece com um ligeiro vaivém na fase do balanço e não o aumente enquanto não controlar o movimento.

Transição

Depois de haver adotado a "posição de descanso", rode a coluna até ficar na posição sentada sobre os joelhos. Depois, estenda-se de novo de bruços, apoiando-se nos antebraços para o *Pontapé com uma perna* (ver a pág. 142).

◆ CANIVETE SUÍÇO

NÍVEL TÉCNICO: avançado.
REPETIÇÕES: 3.
OBJETIVOS: fortalecer o centro de força; massagear a coluna; trabalhar o controle integral.

Posição inicial

Se estiver realizando um sistema avançado, continue com este exercício depois do *Estiramento da nuca* (ver a pág. 149). Deite-se de costas com os braços esticados ao longo do corpo e as pernas juntas e esticadas sobre o colchonete. Eleve as duas pernas de uma vez até formarem um ângulo reto com o corpo.

Movimento

A partir do centro de força, e impulsionando-se com a base dos quadris, inspire levantando as pernas até passá-las por cima da cabeça, ao estilo *Saca-rolhas* (ver a pág. 132) (não incline as pernas além da posição paralela ao solo). Evite que os ombros se levantem do solo e estire o pescoço; retenha o ar nos pulmões e, pressionando firmemente os braços sobre o colchonete, eleve as pernas na direção do teto levando a pélvis para frente e para cima, mantendo os dedos dos pés na vertical dos olhos. Expire e faça rodar a coluna vértebra por vértebra até recuperar a posição inicial, situando as pernas em ângulo reto. Repita este exercício mais duas vezes.

A ser levado em conta

- Se tiver alguma lesão no pescoço, ombros ou costas, não realize este exercício.

Exercícios do sistema avançado no colchonete

- Realize o *Canivete Suíço* com a maior fluidez possível.
- Tenha cuidado ao introduzir este exercício. Não incline as pernas para o solo ao levantá-las por cima da cabeça.
- Trabalhe no controle e na massagem da coluna. Empurre as palmas das mãos contra o colchonete e deslize-as para frente durante a descida.
- Utilize o centro de força e não deixe o peso do corpo recair sobre a nuca durante a flexão do tronco.
- Mantenha as pernas juntas apertando as nádegas e a parte superior interior das coxas.
- Ao rolar a coluna de volta ao colchonete, não deixe nunca que os pés vão além da cabeça. Mantenha os dedos dos pés na vertical dos olhos.

Transição

Estenda as pernas sobre o colchonete na posição Pilates e, com fluidez, role a coluna até a posição sentada para preparar o exercício seguinte, *Torção da coluna*.

◆ TORÇÃO DA COLUNA

NÍVEL TÉCNICO: avançado.
REPETIÇÕES: 2 a 4 séries.
OBJETIVOS: fortalecer o centro de força; exercitar os pulmões; estabilizar a pélvis; trabalhar a cintura.

Posição inicial

Sente-se ereto com as pernas esticadas e juntas, e os pés flexionados, empurrando os calcanhares para frente. Levante os braços estendidos com as palmas das mãos para baixo até a horizontal dos ombros, de maneira que uma linha reta una os dedos de uma mão aos da outra. Mantenha os braços dentro do seu campo de visão periférico (ao alcance da vista).

Movimento

Inspire e eleve-se acima dos quadris apertando as nádegas e empurrando os calcanhares para fora. Ao expirar, trabalhando a partir da cintura e mantendo a pélvis imóvel, "tire todo o ar dos pulmões" girando energicamente a coluna para a direita com um impulso duplo, sem perder a verticalidade dos ombros com os quadris. Inspire crescendo e regresse ao centro. Expire girando para a esquerda. Repita mais uma a três vezes esta série.

Modificação

- Se for uma pessoa rígida, pode realizar este exercício relaxando ligeiramente os joelhos para facilitar a posição ereta sobre os quadris.

O autêntico método Pilates

- Se tiver a coluna entumescida, um pouco curvada na parte superior das costas, pode recorrer à ajuda de uma barra longa colocada por trás das costas e segurá-la com as mãos para conseguir manter as costas e os ombros abertos.

A ser levado em conta

- Se sofrer alguma lesão na coluna, omita este exercício.
- O centro de força deve atuar para manter o corpo o mais erguido possível e proteger as costas entre uma torção e outra.
- Assegure-se de que a torção não seja realizada com os braços, mas sim a partir da região lombar.
- Conserve as costas eretas e olhe por cima do ombro do braço que está atrás.
- Mantenha os braços dentro do campo de visão periférico e abra o peito alongando um braço para frente e o outro para trás.
- Os calcanhares devem estar juntos e alinhados durante a torção, empurrando-os para frente e sem permitir que um pé se adiante mais que o outro.

Transição

Role a coluna para o colchonete até ficar deitado na posição supina para preparar a *Tesoura* – caso já domine o sistema avançado. Se ainda não está preparado para realizar este exercício, pode continuar, depois da *Torção da coluna*, rolando a coluna na direção do colchonete para adotar a posição da série dos pontapés laterais e realize a *Bicicleta para frente/para trás* (ver a pág. 189). Quando realizar o sistema avançado, omita os três exercícios do sistema intermediário da série de pontapés laterais.

◆ TESOURA

NÍVEL TÉCNICO: avançado.
REPETIÇÕES: 4 séries.
OBJETIVOS: fortalecer o centro de força e as costas; trabalhar o controle e o alinhamento; alongar os quadris e as coxas.

Posição inicial

Deite-se de costas com os braços estendidos junto ao corpo. Em um único movimento, com controle e fluidez, eleve as pernas completamente estendidas "por cima da cabeça" e eleve-as na direção do teto até alcançar a posição vertical do *Canivete Suíço* (ver a pág. 173). Depois, coloque as mãos para segurar-se bem abaixo dos quadris, e os cotovelos apoiados no colchonete perpendicularmente às mãos.

Movimento

Continue alongando uma perna na direção do teto e, simulando a ação de uma tesoura, estique a outra levando-a para longe na linha central do corpo e na direção do colchonete. Imediatamente, inverta a posição das pernas fechando a tesoura e voltando a abri-la (isto é uma série). Repita a série mais três vezes.

Modificação

- Se for realizar pela primeira vez este exercício, recomendamos que o pratique no final dos exercícios no colchonete e antes de realizar *A foca* (ver a pág. 164), com o Little Barrel ou o Corretor da Coluna, pois este é um exercício muito avançado e de execução difícil sem a ajuda destes aparelhos.

Exercícios do sistema avançado no colchonete

A ser levado em conta

- Se tiver algum problema nas costas, ombros, pulsos, nuca ou cotovelos, deve eliminar este exercício.
- Não se apresse a realizar este exercício. Recomendamos que a série dos exercícios *Tesoura*, *Bicicleta* e *Ponte sobre os ombros* seja a última incorporada ao programa do sistema avançado.
- Assegure-se de que, ao esticar a perna para baixo, não incline as costas. Use o centro de força e não permita que o seu peso recaia unicamente sobre a nuca e/ou as mãos.
- Mantenha as pernas alinhadas com os quadris e, ao descê-las, faça-o trabalhando na altura da linha central do corpo.
- O principal objetivo pretendido por este exercício consiste em alongar a perna que desce para o colchonete. Não se esqueça de

impulsionar a outra perna na direção do teto. Só as pernas devem se mover. Troque as pernas com um movimento enérgico, com controle, e conserve-as esticadas.
- Controle o tipo de movimento e trabalhe somente até onde puder manter o controle.

Transição

Se precisar descansar, pode baixar as mãos e baixar a coluna, vértebra por vértebra, até o colchonete, e depois adotar a posição inicial para preparar a *Bicicleta*. Se puder, mantenha a posição elevada e, com fluidez, inicie o exercício seguinte.

◆ BICICLETA

NÍVEL TÉCNICO: avançado.
REPETIÇÕES: 4 séries em cada direção.
OBJETIVOS: fortalecer o centro de força e as costas; trabalhar o controle; alongar os quadris; afinar e alongar as coxas.

Posição inicial

Idêntica à da *Tesoura* (ver a pág. 180).

Movimento

Mantenha uma perna esticada apontando para o teto enquanto leva a outra para o colchonete, flexionando, posteriormente, o joelho. Jogue o calcanhar na direção das nádegas e simule o pedalar de uma bicicleta. Em seguida, faça descer a perna que permanecia na vertical

O autêntico método Pilates

Exercícios do sistema avançado no colchonete

para que realize o mesmo movimento que a primeira, enquanto esta recupera sua posição vertical. Repita esta série mais três vezes. Uma vez completadas quatro séries para frente, inverta o movimento do pedalar e realize outras quatro séries em sentido contrário.

Modificação

- Se for realizar este exercício pela primeira vez, nós lhe recomendamos praticá-lo no final dos exercícios no colchonete e antes de realizar *A foca* (ver a pág. 164), com o Little Barrel ou o Corretor da Coluna, já que este é um exercício muito avançado e de difícil execução sem a ajuda destes aparelhos.

A ser levado em conta

- Se tiver uma lesão nas costas, nuca, cotovelos, pulsos ou ombros, deve eliminar este exercício.
- Não se apresse para realizar este exercício. Recomendamos que a série dos exercícios *Tesoura*, *Bicicleta* e *Ponte sobre os ombros* seja a última incorporada no programa do sistema avançado.
- Trabalhe a partir do centro de força e não deixe que o peso do corpo recaia sobre os pulsos.
- Realize movimentos controlados e fluidos. É importante conservar o alinhamento correto das pernas em relação aos quadris e dirigir a perna que desce para a linha central do corpo.
- Resista à tendência da flexão da perna que desce, estimulando o estiramento para frente da perna e do quadril.
- O objetivo deste exercício é alongar as pernas com a intenção de tocar o colchonete com as pontas dos pés.

Transição

Baixe as mãos e termine deixando que as costas rodem sobre o colchonete, vértebra por vértebra. Coloque as plantas dos pés planas para preparar a *Ponte sobre os ombros*. Uma transição mais avançada para a *Ponte sobre os ombros* consiste em terminar a *Bicicleta* e descer, com controle, os pés para apoiar as plantas dos mesmos no colchonete, mas mantendo o quadril firme.

◆ PONTE SOBRE OS OMBROS

NÍVEL TÉCNICO: avançado.
REPETIÇÕES: 2 a 4 com cada perna.
OBJETIVOS: trabalhar o centro de força e o alinhamento; fortalecer e alongar os quadris; alongar a parte anterior e posterior das pernas.

Posição inicial

Se não realizou a transição mais avançada a partir da *Bicicleta*, deite-se de costas. Apóie os pés sobre as plantas, situando-os na vertical dos joelhos e separando-os a uma distância equivalente à amplitude dos quadris. Eleve a pélvis e as costas do colchonete, vértebra por vértebra, coloque as mãos sob os quadris, alinhe os cotovelos com as mãos e os coloque junto às laterais do corpo. Mantenha os ombros, os quadris, os joelhos e os pés alinhados.

Movimento

Estenda uma perna para frente no nível do calcanhar contrário. Inspire e eleve a perna, dando um pontapé solto na direção da orelha; flexione o pé e alongue a perna de novo na direção do calcanhar da perna contrária, enquanto expira e empurra os quadris para cima. Depois de realizar de duas a quatro repetições com uma perna, volte a colocar o pé no colchonete em sua posição inicial. Realize os pontapés com a outra perna.

Modificação

- Se vai realizar este exercício pela primeira vez, recomendamos que o pratique depois dos exercícios no colchonete e antes de realizar *A foca* (ver a pág. 164), com o Little Barrel ou o Corretor da Coluna, pois este é um exercício muito avançado e de difícil execução sem a ajuda destes aparelhos.

O autêntico método Pilates

A ser levado em conta

- Se tiver um problema nos ombros, costas, nuca, pulsos, joelhos ou cotovelos, deve eliminar este exercício.
- Não se apresse a realizar este exercício. Recomendamos que a série dos exercícios *Tesoura*, *Bicicleta* e *Ponte sobre os ombros* seja a última incorporada no programa do sistema avançado.
- Mantenha os quadris elevados e perfeitamente alinhados com relação à perna que desce para o solo. Mantenha todo o tronco em linha reta, sem arquear ou afundar as costas e não desloque o peso do corpo sobre a nuca e as mãos.
- Assegure-se de sempre encolher as costelas e o ventre. Procure fazer com que o joelho da perna oposta à que realiza os pontapés se mantenha alinhado.

Transição

Apóie a planta do pé sobre o colchonete, tire as mãos e deixe rodar lentamente a coluna, vértebra por vértebra, sobre o colchonete. Flexione os joelhos na direção do peito para relaxar e alongar as costas. Estenda as pernas juntas sobre o colchonete e adote a posição da série de pontapés laterais para preparar a *Bicicleta para frente/para trás*.

SÉRIE DE PONTAPÉS LATERAIS

◆ BICICLETA PARA FRENTE/PARA TRÁS

NÍVEL TÉCNICO: avançado.
REPETIÇÕES: 3 em cada direção.
OBJETIVOS: fortalecer o centro de força e os quadris; alongar os quadris, as coxas, os glúteos e a parte posterior das pernas.

Posição inicial

Adote a posição da série de pontapés laterais. Levante a perna superior até a altura do quadril.

Movimento

Dê um pontapé para frente com a perna superior, mantendo-a paralela ao solo. Simulando uma grande pedalada, flexione o joelho superior, levando-o até o ombro; desloque este joelho até a altura do joelho inferior e alongue ao máximo o quadril enquanto, pressionando-o para frente, desloca o joelho para trás, com o calcanhar apontando para a nádega. Mantenha a coxa elevada à altura do quadril e estique a perna para trás. Desloque de novo a perna para frente e recomece. Realize mais duas repetições antes de inverter a pedalada. Finalize o exercício juntando as pernas e os calcanhares na posição Pilates.

Exercícios do sistema avançado no colchonete

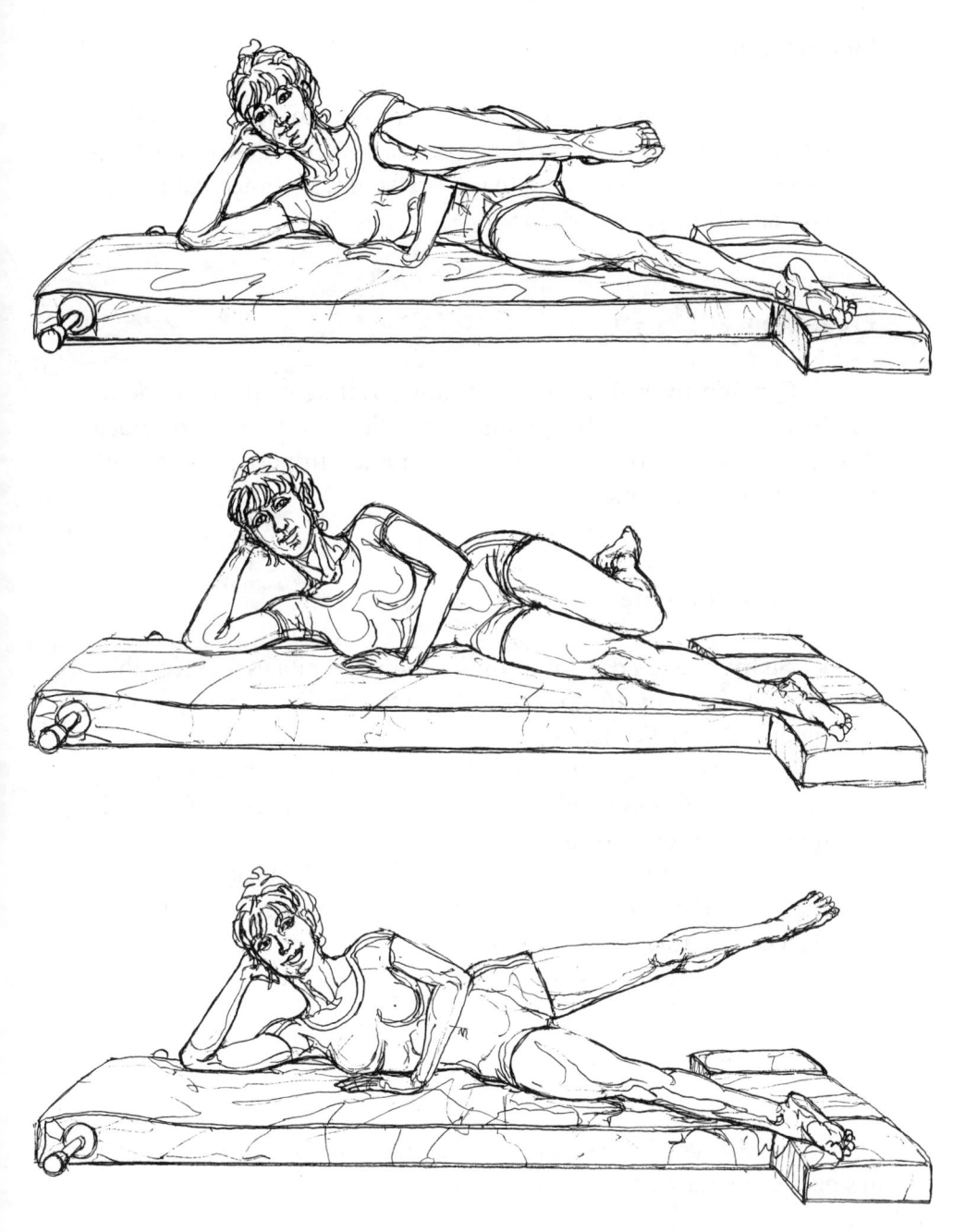

Modificação

- Se tiver alguma dor no pescoço, ombros, cotovelos ou pulsos, estenda o braço inferior ao longo do colchonete e descanse a cabeça nele, colocando uma toalha dobrada entre o braço e a cabeça, contanto que não tenha dor.

Progressão

Quando tiver alcançado um bom nível de controle, pode levantar do colchonete o braço superior e flexioná-lo atrás da nuca. Assegure-se de que os dois ombros permaneçam perfeitamente alinhados, um sobre o outro.

A ser levado em conta

- Se tiver lesões nas costas ou na coluna, omita este exercício.
- Trabalhe a partir do centro de força e realize o exercício com uma dinâmica fluida.
- Mantenha os quadris um sobre o outro e os ombros alinhados durante todo o exercício. A perna deve permanecer no nível do quadril e paralela ao solo.
- É importante realizar com precisão cada posição; procure manter o alinhamento correto da perna com relação ao quadril, o joelho e o tornozelo.
- Se tiver problemas nos joelhos, tenha cuidado.

Transição

Finalize com as pernas e os calcanhares juntos na posição Pilates para preparar a *Elevação das pernas*.

◆ **ELEVAÇÃO DAS PERNAS**

NÍVEL TÉCNICO: avançado.
REPETIÇÕES: 3 e agüentar enquanto conta até três.
OBJETIVOS: fortalecer o centro de força, os quadris, a face interior e exterior das coxas e os glúteos.

Posição inicial

Adote a posição da série de pontapés laterais. Pode realizar duas variações deste exercício.

Movimento

Levante a perna superior um pouco acima do nível do quadril; mantenha a perna nesta posição e, em seguida, eleve a perna inferior até juntá-la com a outra. Esta é a "Elevação de uma perna" (primeira variação). Agüente as pernas juntas no alto enquanto conta até três. Desça a perna inferior para a posição inicial. Repita mais duas vezes o movimento e depois da terceira repetição baixe as duas pernas juntas.
Também pode realizar outra variação. Eleve as duas pernas ao mesmo tempo. Mantenha a posição elevada até contar até três. Baixe as pernas controladamente. Esta é a "Elevação com as duas pernas" (segunda variação). Repita o movimento mais duas vezes.

Modificação

- Se tiver alguma dor no pescoço, ombros, cotovelos ou pulsos, estenda o braço inferior ao longo do colchonete e descanse a cabeça nele, colocando uma toalha dobrada entre o braço e a cabeça, contanto que não sinta dor.

O autêntico método Pilates

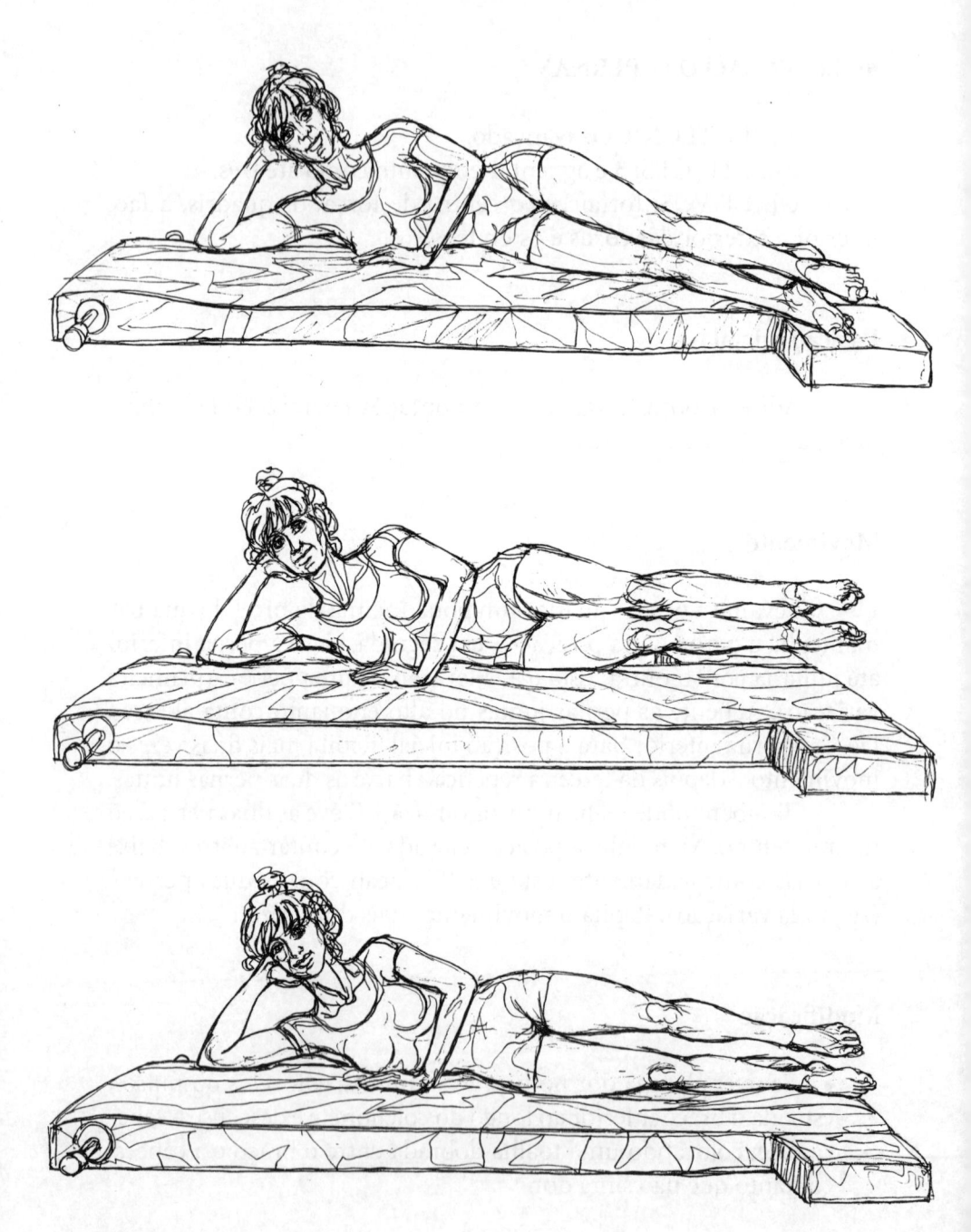

Progressão

Quanto tiver conseguido um bom nível de controle, pode levantar o braço superior do colchonete e flexioná-lo atrás da nuca. Assegure-se de que os ombros permanecem perfeitamente alinhados, um sobre o outro.

A ser levado em conta

- Se tiver lesões nas costas ou na coluna, omita este exercício.
- Trabalhe com um "centro" firme. Assegure-se de que o corpo permanece estável na posição e conserve ombro sobre ombro e quadril sobre quadril.

Transição

Finalize com as pernas e os calcanhares juntos na posição Pilates para preparar o exercício seguinte, *Bater as pernas*.

◆ BATER AS PERNAS

NÍVEL TÉCNICO: avançado.
REPETIÇÕES: 1; bater 5 vezes.
OBJETIVOS: fortalecer o centro de força, os quadris, os glúteos, a face interior e exterior das coxas; trabalhar o controle.

Posição inicial

Este exercício pode ser realizado em seguida ao anterior e partindo da mesma posição inicial.

Movimento

Eleve as duas pernas juntas em um só movimento. Agüente-as juntas e levantadas sem deixar que vão para trás. Usando a face interior das coxas, bata energicamente as pernas cinco vezes. Baixe as pernas juntas e com controle até a posição inicial.

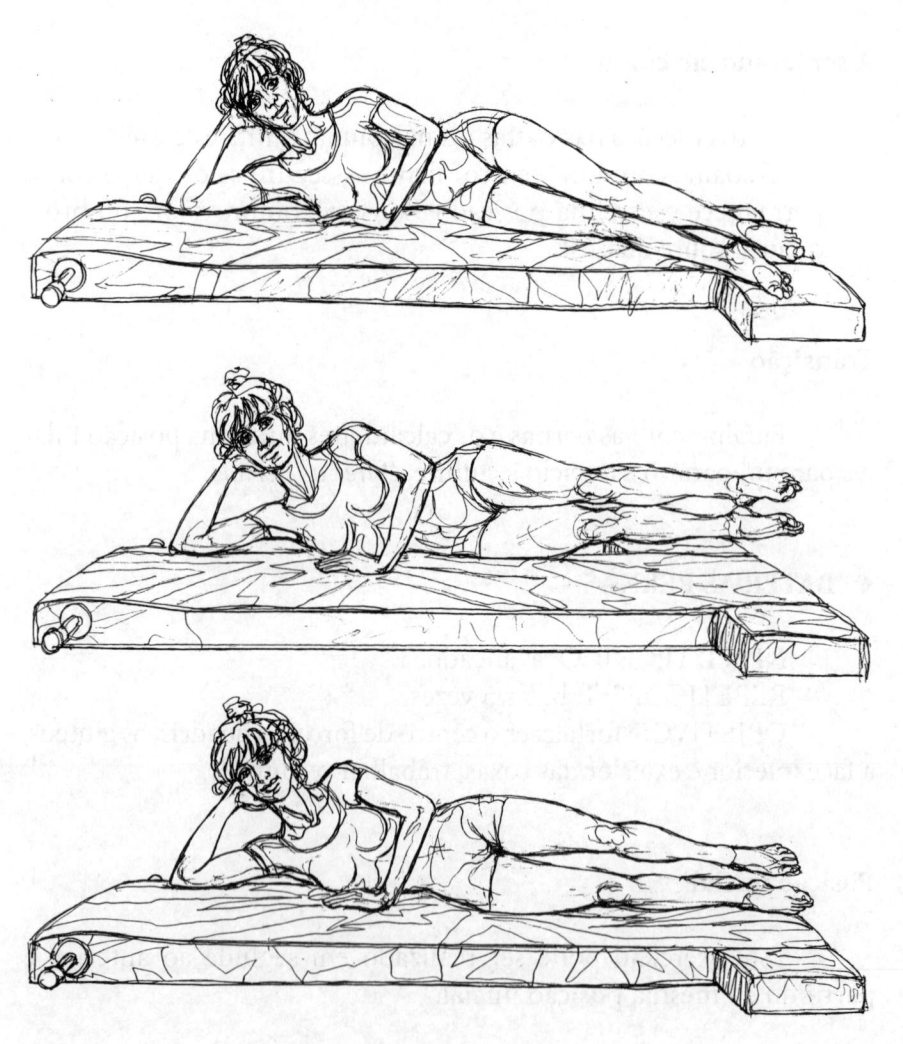

Modificação

- Se tiver alguma dor no pescoço, ombros, cotovelos ou pulsos, estenda o braço inferior ao longo do colchonete e descanse a cabeça nele, colocando uma toalha dobrada entre o braço e a cabeça, contanto que não sinta dor.

Progressão

Quando tiver conseguido um bom nível de controle, pode levantar o braço superior do colchonete e flexioná-lo atrás da nuca. Assegure-se de que os ombros permaneçam perfeitamente alinhados, um sobre o outro.

A ser levado em conta

- Se sofrer lesões nas costas, não realize este exercício.
- Assegure-se de que o corpo permanece corretamente alinhado e estável.
- Evite que as pernas se desloquem para trás tanto no movimento de elevação como no de abertura e fechamento.

Transição

Termine com as pernas e os calcanhares juntos na posição Pilates. Flexione a perna superior até colocar o pé na frente do outro joelho e apoiado sobre a planta. Segure o joelho por fora com a mão do braço superior para preparar o exercício seguinte do sistema avançado da série de pontapés laterais: *Círculos com a face interior das coxas*.

◆ CÍRCULOS COM A FACE INTERIOR DAS COXAS

NÍVEL TÉCNICO: avançado.
REPETIÇÕES: 5 círculos em cada direção.
OBJETIVOS: fortalecer o centro de força, os quadris, a face interior da coxa e os glúteos.

Posição inicial

Adote a posição inicial da série de pontapés laterais. Flexione a perna superior até colocar o pé na frente do outro joelho e apoiado sobre a planta. Segure o tornozelo por fora com a mão do braço superior e empurre o joelho da perna flexionada para trás.

Movimento

Eleve a perna inferior – totalmente estendida – o mais acima possível do colchonete, mantendo-a ligeiramente girada para fora. Usando a face interior das coxas, descreva com esta perna cinco círculos; depois, inverta a direção do giro e descreva mais cinco giros.

Modificação

- Se for principiante neste exercício, pode começar elevando a perna esticada e agüentando-a em cima, próximo da coxa da outra perna, enquanto conta até três. Realize este movimento três vezes.
- Se tiver alguma dor no pescoço, ombros, cotovelos ou pulsos, estenda o braço inferior ao longo do colchonete e descanse a cabeça nele, colocando uma toalha dobrada entre o braço e a cabeça, contanto que não sinta dor.

- Só é possível flexionar o pé da perna que eleva se tiver os músculos gêmeos muito desenvolvidos ou muito rígidos.

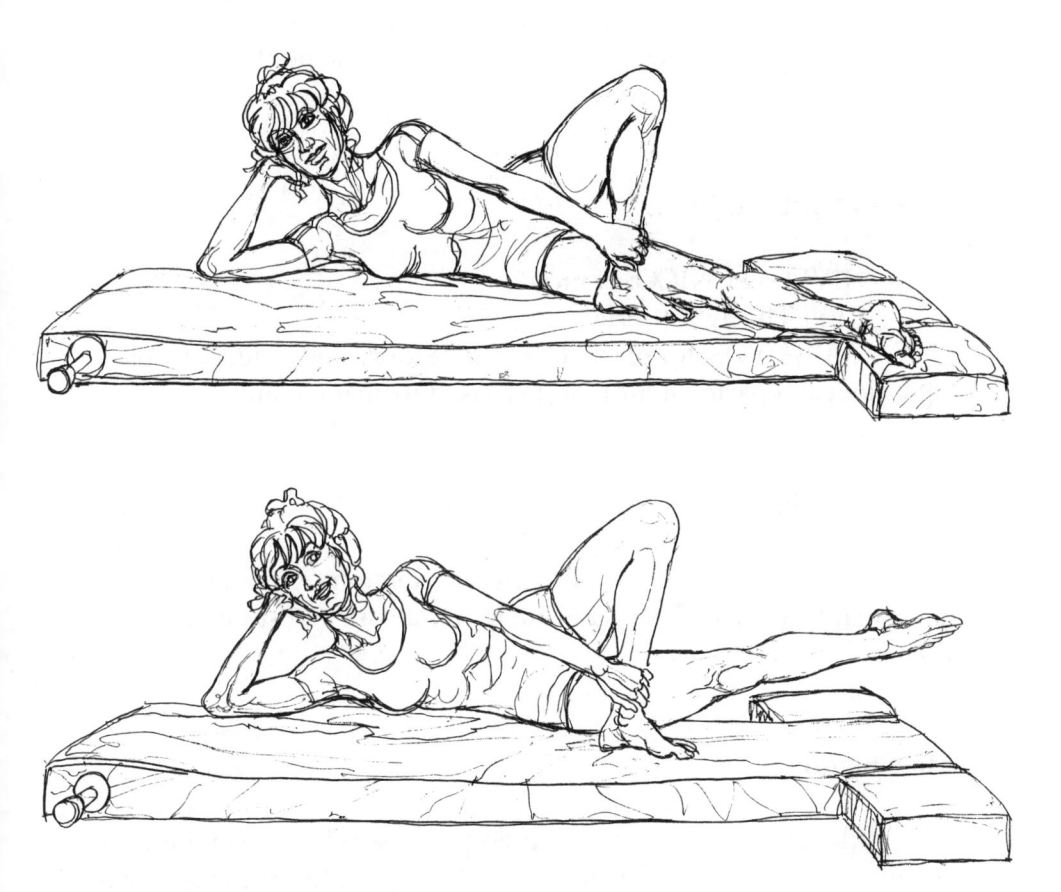

A ser levado em conta

- Se tiver alguma dor ou lesões nas costas e nos joelhos, omita este exercício.
- Trabalhe o centro de força para manter firme a posição e não deixe que o joelho da perna flexionada caia para frente.
- Relaxe o joelho da perna elevada para trabalhar a articulação do quadril.

Transição

Estire a perna flexionada sobre a outra perna na posição Pilates para preparar o exercício seguinte da série de pontapés laterais, *Pontapé quente*.

◆ PONTAPÉ QUENTE

NÍVEL TÉCNICO: avançado.
REPETIÇÕES: 1 série.
OBJETIVOS: fortalecer o centro de força e os quadris; fortalecer e alongar a parte interior das pernas; trabalhar o controle.

Posição inicial

Partindo da posição dos *Círculos com a face interior das coxas*, estenda a perna flexionada até juntá-la com a outra na posição Pilates.

Movimento

Eleve a perna superior e desloque o pé até que este fique situado na frente do pé inferior; golpeie ligeiramente e com rapidez o solo, com o pé, cinco vezes. Usando o último impulso, leve a perna até a orelha e faça-a descer colocando o pé, nesta ocasião, atrás do outro. Golpeie de novo cinco vezes com o pé e volte a levar a perna para cima. Repita o movimento para frente/para trás, mas agora golpeando quatro vezes; depois para frente/para trás três vezes; depois duas e, por último, golpeie uma vez para frente/para trás, quatro vezes.

Exercícios do sistema avançado no colchonete

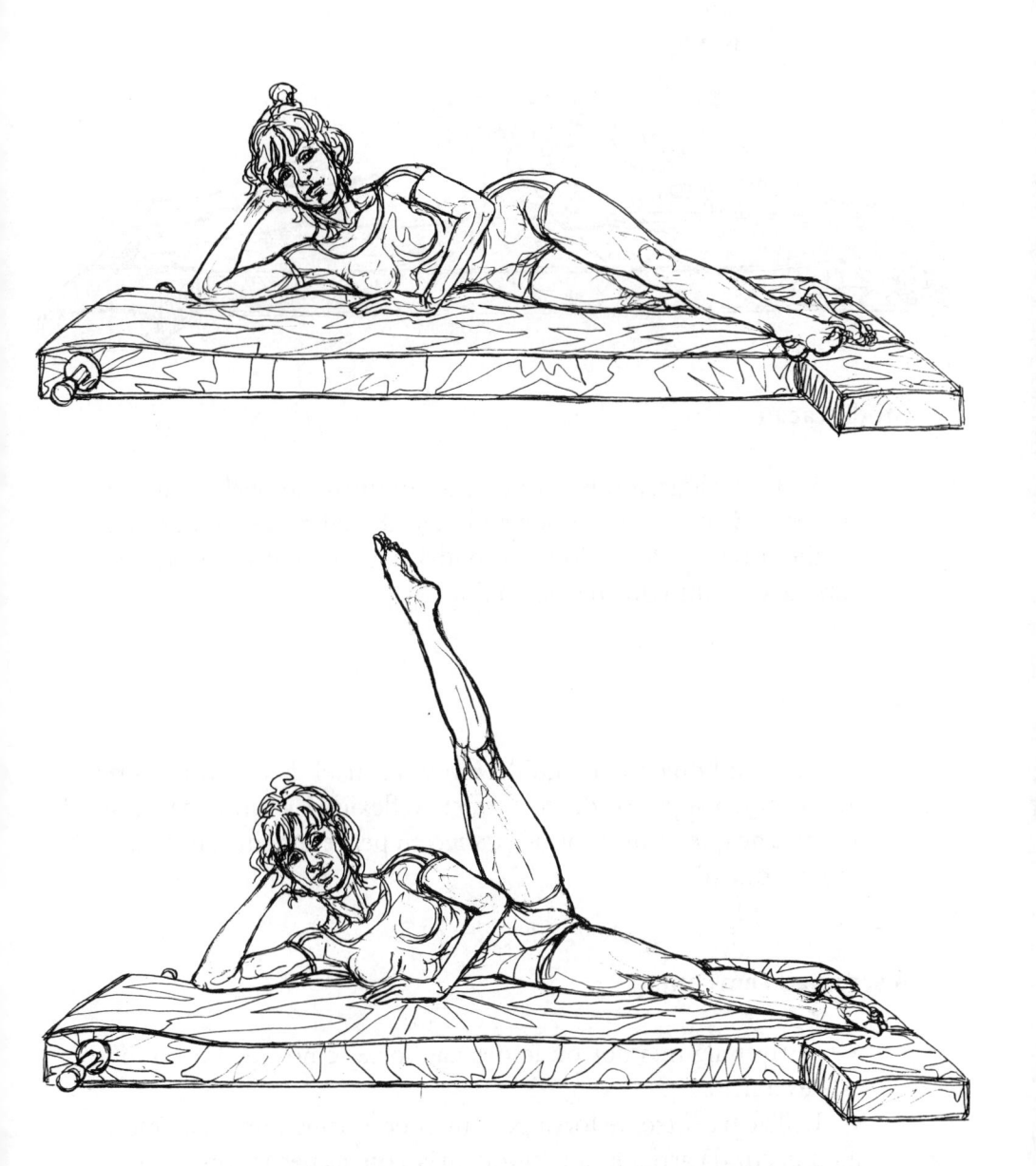

Modificação

- Se tiver alguma dor no pescoço, ombros, cotovelos ou pulsos, estenda o braço inferior ao longo do colchonete e descanse a cabeça nele, colocando uma toalha dobrada entre o braço e a cabeça, contanto que não sinta dor.

Progressão

Quando houver conseguido um bom nível de controle, pode levantar o braço superior do colchonete e flexioná-lo atrás da nuca. Assegure-se de que os ombros permanecem perfeitamente alinhados, um sobre o outro.

A ser levado em conta

- Se tiver alguma dor ou lesões nas costas e nos joelhos, omita este exercício.
- Utilize o centro de força para manter o tronco imóvel. Trabalhe a partir da articulação dos quadris, com as pernas distendidas e o pé esticado, prolongando a linha da perna.

- Neste exercício, a dinâmica é muito importante. Deve-se realizá-lo com controle e firmeza.

Transição

Coloque a perna de cima sobre a que está no colchonete na posição Pilates para o exercício seguinte da série dos pontapés laterais, *Tesoura grande*.

◆ TESOURA GRANDE

NÍVEL TÉCNICO: avançado.
REPETIÇÕES: 6.
OBJETIVOS: fortalecer o centro de força e os quadris; trabalhar o controle; alongar a parte interna e externa das coxas.

Posição inicial

A partir da posição da série de pontapés laterais, eleve as duas pernas juntas sem deixar que os quadris girem para trás.

Movimento

Em um plano horizontal, mova uma perna para frente enquanto desloca a outra para trás, realizando um vigoroso movimento de "tesoura" com as pernas (com um amplo vaivém). Realize seis repetições. Depois da última, junte as pernas sem tocar o colchonete e, em seguida, com controle, desça-as na posição Pilates sobre o colchonete.

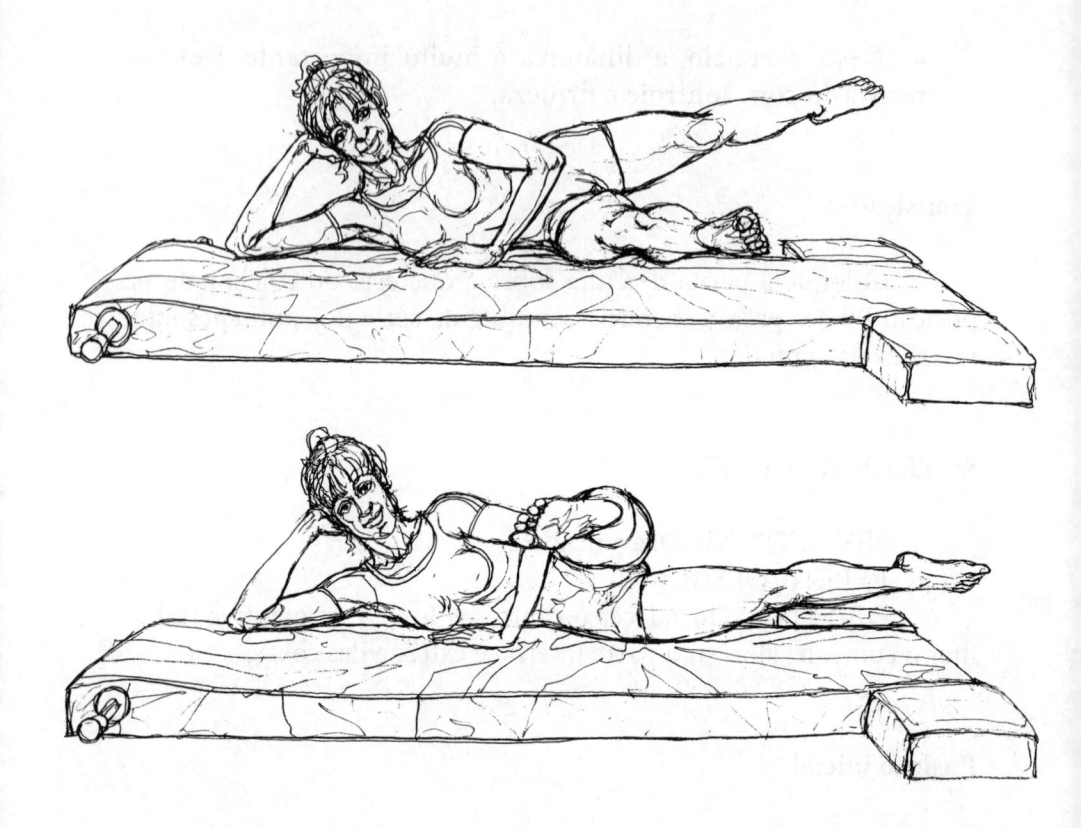

Modificação

- Se tiver alguma dor no pescoço, ombros, cotovelos ou nos pulsos, estenda o braço inferior ao longo do colchonete e descanse a cabeça nele, colocando uma toalha dobrada entre o braço e a cabeça, contanto que não sinta dor.

Progressão

Quando houver conseguido um bom nível de controle, pode levantar o braço superior do colchonete e flexioná-lo atrás da nuca.

Assegure-se de que os ombros permanecem perfeitamente alinhados, um sobre o outro. Quanto mais avançado for o seu nível, maior será a amplitude do movimento.

A ser levado em conta

- Se tiver alguma dor ou lesões nas costas, omita este exercício.
- Use o centro de força e mantenha a caixa torácica bem alinhada: ombro sobre ombro e quadril sobre quadril.
- Realize movimentos muito amplos, mas com controle, e mantendo o corpo firme e as pernas sem tocar o colchonete.

Transição

Junte as duas pernas sobre o colchonete na posição Pilates para o exercício seguinte da série de pontapés laterais: *Grand rond de jambe*.

◆ **GRAND ROND DE JAMBE**

NÍVEL TÉCNICO: avançado.
REPETIÇÕES: 2 a 3 em cada direção.
OBJETIVOS: fortalecer e trabalhar a articulação da perna com o quadril, o centro de força, o controle e o alinhamento do corpo.

Posição inicial

Adote a posição da série de pontapés laterais. Eleve a perna superior até a altura da articulação do quadril e gire a perna ligeiramente para fora.

Movimento

Balance a perna de cima para frente e para o ombro, realizando uma rotação externa na articulação do quadril para começar a descrever um grande círculo para trás. Gire a perna elevando-a na direção do teto de maneira que o pé fique alinhado com a orelha. Mantenha os quadris perfeitamente alinhados, um sobre o outro, e continue o movimento deslocando a perna superior para trás, até a altura do quadril. Termine o movimento levando de novo a perna superior até deixá-la sobre a outra. Repita a seqüência mais uma ou duas vezes. Por fim, realize o mesmo movimento, mas invertendo a direção, ou seja, começando de trás.

Este é o último exercício da série de pontapés laterais do sistema avançado. Uma vez finalizada toda a série de pontapés laterais com uma perna, deite-se de bruços para se colocar sobre o lado oposto e realizar toda a série avançada de pontapés laterais com a outra perna.

Modificação

- Se sentir alguma dor no pescoço, ombros, cotovelos ou pulsos, estenda o braço inferior ao longo do colchonete e descanse a cabeça nele, colocando uma toalha dobrada entre o braço e a cabeça, contanto que não sinta dor.

Progressão

Quando houver conseguido um bom nível de controle, pode levantar o braço superior do colchonete e flexioná-lo atrás da nuca. Assegure-se de que os ombros permanecem perfeitamente alinhados, um sobre o outro, assim como os quadris.

Exercícios do sistema avançado no colchonete

A ser levado em conta

- Se tiver alguma dor ou lesões nas costas, omita este exercício. Tenha cuidado se seus joelhos forem delicados.
- Utilize o centro de força e mantenha o tronco imóvel, reto e firme.
- A princípio, trabalhe os movimentos em cada posição com controle e precisão, para aumentar progressivamente a amplitude do movimento.
- Não balance os quadris e mantenha a caixa bem alinhada: ombro sobre ombro e quadril sobre quadril.

Transição

Uma vez que tenha finalizado com as duas pernas a série de pontapés laterais, junte as pernas e os calcanhares na posição Pilates. Deite-se de costas, com as pernas juntas e esticadas no colchonete para preparar *O brincalhão I* (ver a pág. 161) (realize este exercício e encadeie com *O brincalhão II*).

◆ O BRINCALHÃO II

NÍVEL TÉCNICO: avançado.
REPETIÇÕES: 3 repetições.
OBJETIVOS: fortalecer e aprofundar-se no centro de força; trabalhar o controle do equilíbrio e a coordenação; fortalecer os quadris.

Posição inicial

Deite-se de costas, com os braços estendidos ao lado das orelhas. Eleve as pernas em um ângulo de 45 graus sobre o colchonete. Gire para a posição em V de *O brincalhão I* (ver a pág. 161): em equilíbrio sobre o cóccix e com os dedos das mãos orientados para os dedos dos pés.

Movimento

A partir do centro de força, e sem mover o tronco, baixe as pernas até o colchonete e volte a elevá-las três vezes. Mantenha os dedos das mãos orientados para os dedos dos pés. Na última vez, levante os braços e os coloque ao lado das orelhas e desça rolando vértebra por vértebra até o colchonete, empurrando o umbigo na direção da coluna e alongando as pernas para longe dos quadris, opondo resistência à descida do tronco.

Progressão

Uma forma mais desafiante de fazer este exercício é subir para a posição V de *O brincalhão I* (ver a pág. 161) e manter os braços ao lado das orelhas com as palmas das mãos viradas para frente, enquanto baixa e eleva as pernas.

O autêntico método Pilates

A ser levado em conta

- Não aconselhamos este exercício às pessoas que tenham as costas delicadas ou com problemas.
- Enquanto trabalhar as pernas com um poderoso centro de força, mantenha o tronco em uma posição estável e utilize os braços dirigindo-os para cima para não balançar o corpo para trás.
- Não deixe as pernas caírem, o importante é erguê-las. (No princípio, reduza o percurso de descida das pernas.)
- Aperte as pernas entre si e mantenha-as na posição Pilates.

Transição

Com controle, desça simultaneamente o tronco e as pernas juntas sobre o colchonete, e com os braços esticados ao lado das orelhas, para preparar *O brincalhão III*.

◆ O BRINCALHÃO III

NÍVEL TÉCNICO: avançado.
REPETIÇÕES: 3 a 5.
OBJETIVOS: aprofundar e fortalecer o centro de força; trabalhar o controle integral; coordenar e alongar todo o corpo.

Posição inicial

Deite-se de costas com as pernas juntas e esticadas sobre o colchonete, e com os braços também esticados, mas em sentido contrário.

Movimento

Iniciando o movimento a partir do centro de força, faça rodar a coluna, elevando simultaneamente as pernas e orientando os dedos das mãos para os dedos dos pés. Adote uma posição em V com todo o corpo e, com controle, gire totalmente para baixo, fazendo com que os ombros e os pés toquem ao mesmo tempo o colchonete. Repita mais duas a quatro vezes este movimento e finalize exatamente na posição inicial.

A ser levado em conta

- Este exercício não é aconselhável para pessoas que tenham as costas delicadas ou lesionadas.

- Realize o movimento com fluidez, como se dobrasse e desdobrasse uma carta.
- Aperte as pernas entre si e mantenha-as o tempo todo na posição Pilates.

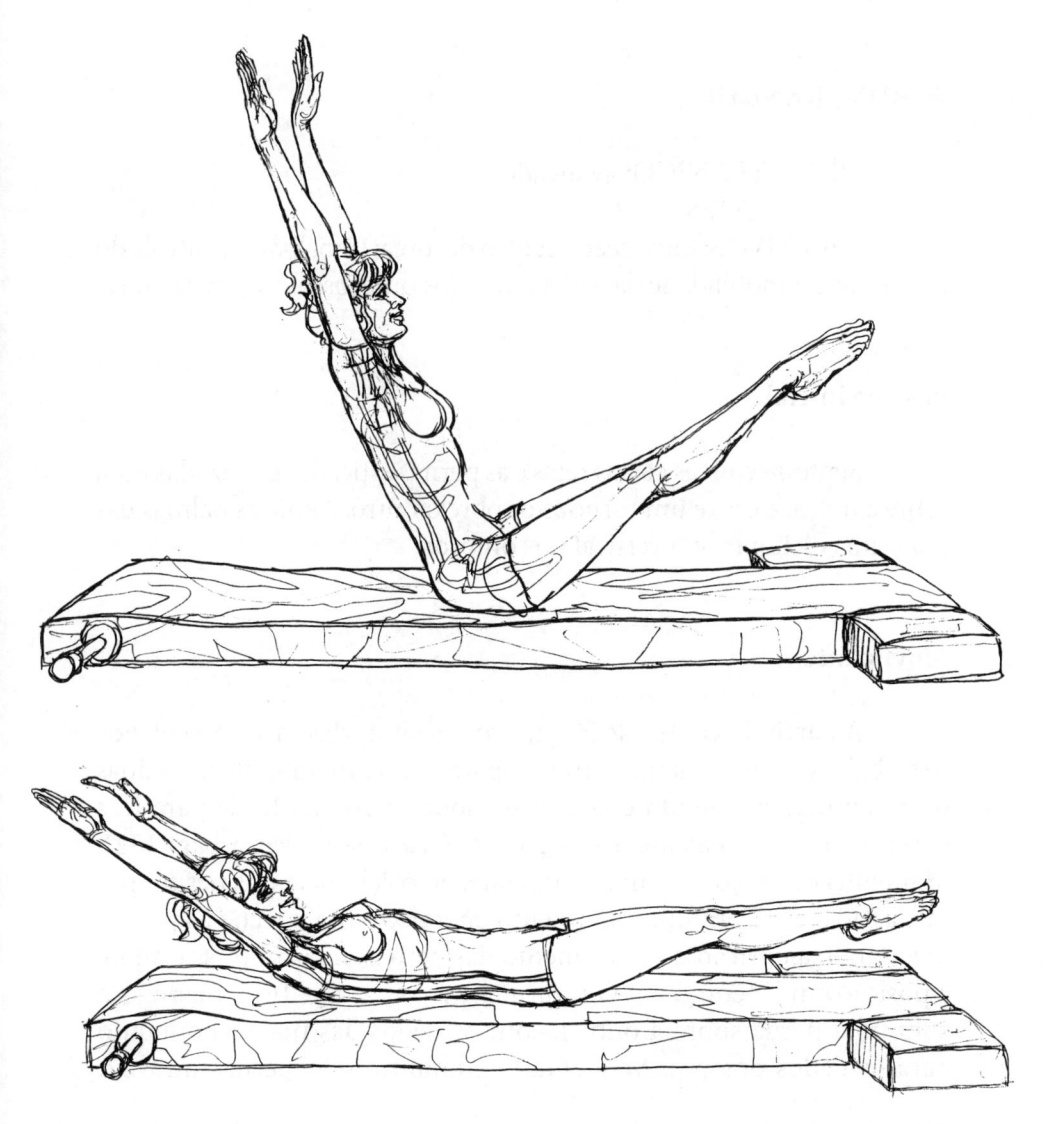

Transição

Partindo da posição inicial deste exercício, eleve os braços estendidos na direção do teto e rode a coluna, vértebra por vértebra, até a posição sentada para preparar o *Bumerangue*.

◆ BUMERANGUE

NÍVEL TÉCNICO: avançado.
REPETIÇÕES: 2 a 4.
OBJETIVOS: fortalecer o centro de força; trabalhar o controle do equilíbrio e a mobilidade da articulação dos ombros; alongar as costas.

Posição inicial

Sente-se com as costas retas e as pernas esticadas e cruzadas uma sobre a outra, e cruze um tornozelo sobre o outro. Apóie as palmas das mãos no colchonete na vertical dos ombros.

Movimento

A partir do centro de força, e com a ajuda das mãos no colchonete, balance ligeiramente o tronco para trás enquanto eleva as duas pernas juntas mantendo o equilíbrio sobre o cóccix. Rode para trás levantando as pernas até a posição de *Saca-rolhas* (ver a pág. 132). Mantenha os braços e as mãos apoiados no colchonete e as pernas paralelas ao solo. Com um movimento enérgico, abra e feche as pernas invertendo a posição do cruzamento das pernas. Incorpore-se e adote a posição em V (como em *O brincalhão I* [ver a pág. 161], mas agora com uma perna sobre a outra), com os dedos das mãos apontando para os dedos dos pés. Mantenha o equilíbrio e as pernas imóveis.

Gire as palmas das mãos para cima, flexione os cotovelos próximos do corpo e baixe os braços estendidos até juntar as mãos (sem entrelaçar os dedos na base da coluna). Leve o queixo até o peito. Enquanto leva os braços para baixo e para trás, faça "flutuar o corpo como um todo", descendo as pernas até repousarem no colchonete e situando o nariz sobre os joelhos. Eleve os braços na direção do teto, separe as mãos e descreva um grande círculo fazendo girar os braços à sua volta até tocar os pés com as mãos. Reincorpore-se, vértebra por vértebra, até adotar a posição inicial. Repita a seqüência mais uma a três vezes.

Progressão

Uma maneira mais avançada de realizar este exercício é descrever o círculo completo com os braços mantendo a posição de *O brincalhão I* (ver a pág. 161) em equilíbrio, fazendo "flutuar o corpo como um todo" até repousar no colchonete no final (o que denominamos de *Bumerangue II*).

O autêntico método Pilates

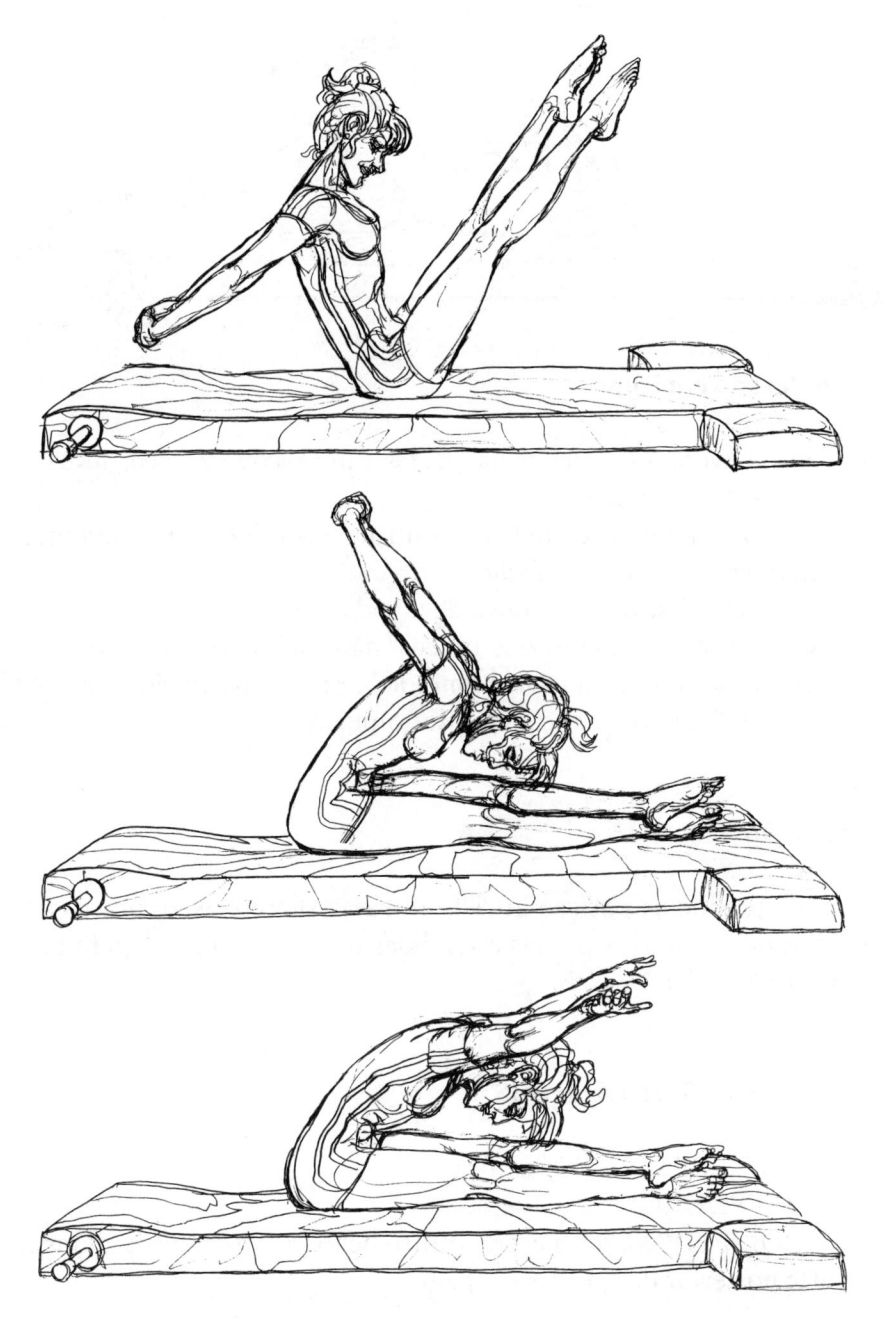

Exercícios do sistema avançado no colchonete

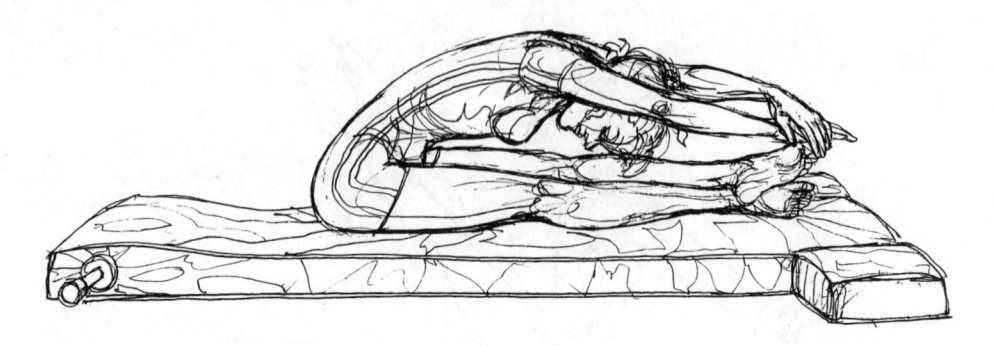

A ser levado em conta

- Se tiver lesões ou dor nas costas, ombros ou pescoço, deve eliminar este exercício.
- Trabalhe com equilíbrio, controle e fluidez de movimentos, mantendo um centro forte.
- Lembre-se de que nunca deve rodar sobre a nuca.
- Durante o círculo dos braços, não incline o corpo sobre as pernas e trabalhe o movimento dos braços a partir do centro de força e dentro da articulação dos ombros.

Transição

Termine na posição inicial, com as costas eretas, os braços nas laterais do corpo e as pernas estendidas na posição Pilates para preparar *Círculos de quadris*.

◆ CÍRCULOS DE QUADRIS

NÍVEL TÉCNICO: avançado.
REPETIÇÕES: 2 a 3 séries.
OBJETIVOS: fortalecer o centro de força e os quadris; alongar a parte posterior das pernas e o peito.

Posição inicial

Depois de completar o *Bumerangue*, desloque as mãos para trás sobre o colchonete, com os dedos voltados para trás, enquanto levanta as pernas juntas na direção do nariz. Mantenha-se em equilíbrio sobre o cóccix em uma posição em V com os braços estendidos e o peito elevado.

Movimento

Descreva um grande círculo com as pernas juntas. Inicie o movimento para um lado e siga para baixo para continuar subindo pelo outro lado e acabar a rotação ao situar as pernas diante do nariz. Inverta a direção do círculo para completar a primeira série. Realize mais uma ou duas séries. Quando finalizar, desça as pernas juntas sobre o colchonete.

Modificação

- Pode realizar o exercício *Cancã*, que supõe uma preparação para os *Círculos de quadris*: flexione os joelhos e leve-os até o peito, apertando os calcanhares contra as nádegas e tocando no colchonete com os dedos dos pés esticados. Balance os joelhos para a direita, depois para a esquerda, de novo para a direita e, em seguida, dê um pontapé esticando as pernas juntas na direção da orelha. Repita o movimento começando pelo outro lado (isto seria uma série). Faça no máximo mais duas séries.
- Se realizar os *Círculos de quadris*, mas lhe for demasiado difícil manter esta posição, ou o incomodar a posição nos ombros, pode se reclinar para trás e separar mais os braços, mantendo sempre o peito elevado.

O autêntico método Pilates

A ser levado em conta

- Se tiver uma lesão ou dor nas costas, ombros, cotovelos ou pulsos, não realize este exercício.
- Assegure-se de que mantém as costas o mais retas possível e de que empurra o umbigo na direção da coluna durante o movimento circular dos quadris. Mantenha os braços esticados e os ombros bem abertos.
- Trabalhe a partir de um centro forte sem afundar o tronco, e não permita que as pernas se separem ou se dobrem.

Transição

Gire o corpo até ficar deitado na posição pronada, com as pernas juntas e esticadas e os braços estendidos para frente diante da cabeça, para preparar o exercício *Nadar*.

◆ NADAR

>NÍVEL TÉCNICO: avançado.
>REPETIÇÕES: 1 a 2 séries de 10 repetições.
>OBJETIVOS: fortalecer as costas; coordenação.

Posição inicial

Fique estendido na posição pronada, mantendo as pernas juntas e bem estendidas e os braços esticados na direção contrária. "Tire a cabeça da água" e eleve o máximo possível o braço direito e a perna esquerda. Eleve o umbigo na direção da coluna.

Movimento

Alterne o movimento dos braços e das pernas, simulando a ação de nadar e procurando fazer com que os movimentos sejam amplos e uniformes. Inspire enquanto conta até cinco e expire enquanto conta, também até cinco. Pode repetir outra vez a seqüência. Relaxe o corpo sobre o colchonete e depois sente-se rapidamente sobre os calcanhares, na "posição de descanso", para alongar e relaxar as costas.

A ser levado em conta

- Se tiver alguma lesão ou dor nas costas, omita este exercício.
- Empurre com força o umbigo na direção da coluna. Alongue as pernas e os braços para não encurtar a posição, a fim de não se afundar na região lombar. O segredo está em controlar o centro de força.
- Mantenha a cabeça no alto, mas não force o pescoço.

Exercícios do sistema avançado no colchonete

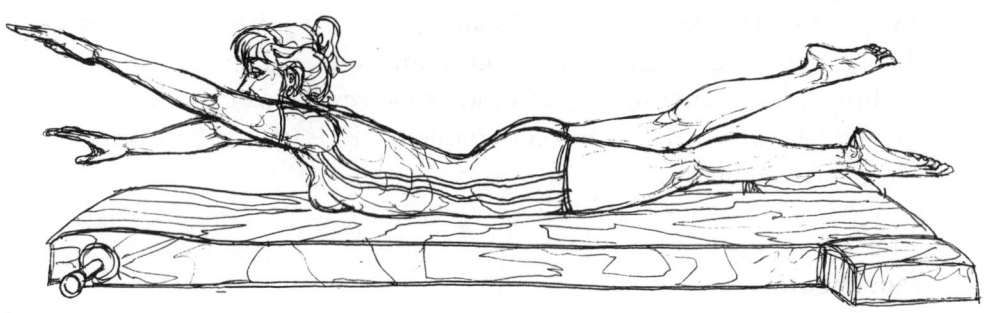

- O peito, as coxas e os braços não devem tocar o colchonete durante o exercício.

Transição

Depois de realizar a posição de descanso, coloque as palmas das mãos no colchonete, bem abaixo dos ombros. Desloque-as até conseguir esticar as pernas na posição Pilates. Forme com todo o corpo uma linha reta, desde os calcanhares até o alto da cabeça (posição de *Flexões* [ver a pág. 237] para preparar o exercício *Jogar a perna para baixo*.

◆ JOGAR A PERNA PARA BAIXO

NÍVEL TÉCNICO: avançado.
REPETIÇÕES: 3 com cada perna.
OBJETIVOS: fortalecer o centro de força, as costas, os ombros e os glúteos; alongar as panturrilhas e o tendão de Aquiles.

Posição inicial

A partir da posição de descanso, caminhe com as mãos no colchonete para frente e coloque-se na posição de *Flexões* (ver a pág. 237). Junte as pernas e alinhe verticalmente os calcanhares e os dedos dos pés. Os braços ficam estendidos com as mãos bem abaixo dos ombros. Forme uma linha reta desde a cabeça até os calcanhares e mantenha o pescoço esticado com o queixo ligeiramente baixado na direção da garganta.

Movimento

Eleve a perna direita com o pé esticado, mantendo a posição do corpo em "mesa"; empurre para trás o calcanhar do pé que se encontra no colchonete, deslocando o peso corporal, volte o calcanhar para a posição vertical com os dedos do pé conduzindo para frente o peso corporal (repita mais duas vezes o mesmo movimento) e, por último, devolva a perna levantada ao colchonete. Repita com a perna esquerda.

A ser levado em conta

- Se você tiver problemas nos ombros, costas, cotovelos ou pulsos, não realize este exercício.

Exercícios do sistema avançado no colchonete

- O segredo para uma realização correta deste exercício é ter um centro de força firme. Não deixe que o peso do corpo se desloque sobre os pulsos nem arqueie a região lombar.
- Faça com que a cabeça, as costas e os calcanhares fiquem alinhados; que o corpo descreva uma linha reta. Mantenha o pescoço alongado, com o queixo ligeiramente baixado na direção da garganta.

Transição

Mantenha a posição de *Flexões* (ver a pág. 237) e coloque uma mão junto à outra. Mantendo os quadris no ar, coloque o outro braço colado à orelha e descreva com ele um círculo até poder colocar a mão sobre o colchonete, atrás de você, enquanto gira o corpo para ficar de barriga para cima formando uma linha reta e preparar *Jogar a perna para cima*.

◆ JOGAR A PERNA PARA CIMA

NÍVEL TÉCNICO: avançado.
REPETIÇÕES: 2 a 4 séries.
OBJETIVOS: fortalecer o centro de força, as costas e os quadris, os braços e os ombros; alongar a parte posterior da perna.

Posição inicial

Se não conseguir realizar a transição anteriormente descrita depois de terminar o exercício *Jogar a perna para baixo*, gire e sente-se com as costas retas, as pernas juntas e estendidas e as palmas das mãos apoiadas no colchonete, ao lado do corpo. Eleve os quadris com as pernas estendidas e juntas até deixar o corpo em uma linha reta. Mantenha o queixo ligeiramente baixado na direção do peito para alinhar a nuca com a coluna. Conserve os dedos dos pés esticados na direção do colchonete.

Exercícios do sistema avançado no colchonete

Movimento

Inspire e levante uma perna com ímpeto na direção do nariz, com o pé esticado; expire e, pressionando a pélvis para cima, baixe a perna até a posição inicial. Repita o movimento com a outra perna. Considere isto uma série. Repita a série mais uma a três vezes.

A ser levado em conta

- Se tiver uma lesão nas costas, ombros, pescoço, cotovelos, pulsos ou tornozelos, omita este exercício.
- Ao baixar a perna, faça força para cima com a pélvis para se opor à descida daquela. Use o tempo todo o centro de força.
- Não deixe que o peso do corpo se desloque sobre os pulsos e os ombros.

Transição

A partir da posição final do exercício, com as duas pernas juntas com os dedos dos pés apoiados no colchonete e os quadris elevados, dobre um joelho e o deslize para debaixo de você até ficar na posição ajoelhada. Gire o corpo lateralmente para se apoiar sobre uma das mãos no colchonete com o braço estendido, levante a outra mão e a coloque atrás da nuca, levando o cotovelo na direção do teto. Alongue a outra perna para o lado e a mantenha elevada no nível do quadril, paralela ao colchonete, para preparar os *Pontapés laterais ajoelhado*.

◆ PONTAPÉS LATERAIS AJOELHADO

NÍVEL TÉCNICO: avançado.
REPETIÇÕES: 3.
OBJETIVOS: fortalecer o centro de força e trabalhar o seu controle; fortalecer os quadris e a cintura; estimular o equilíbrio.

Posição inicial

Coloque-se na posição de transição descrita no exercício anterior. A mão apoiada no colchonete está bem embaixo do ombro e o braço estendido. O quadril da perna flexionada deve estar bem acima do joelho. A cabeça deve estar olhando para frente, com o pescoço esticado. Não se incline sobre o braço que se apóia no colchonete e mantenha a outra perna alongada lateralmente, no nível do quadril e paralela ao colchonete.

Movimento

Balance para frente e para trás a perna que se encontra suspensa no ar, mantendo o quadril da outra perna vertical em relação ao joelho, e com os quadris projetados para frente. Repita esta seqüência mais duas vezes. Baixe a perna que está elevada, flexione-a e ajoelhe-se no colchonete mantendo o corpo erguido e os braços estendidos nas laterais do corpo. Depois, leve a outra mão para o colchonete, enquanto eleva a outra perna até voltar à posição inicial. Repita toda a seqüência com a outra perna.

Progressão

Também pode realizar os movimentos de *Pequenos círculos* (ver a pág. 158) do sistema intermediário e os de *Bicicleta para*

O autêntico método Pilates

Exercícios do sistema avançado no colchonete

frente/para trás (ver a pág. 189) do sistema avançado, procedentes da série de pontapés laterais, contanto que os tenha omitido anteriormente para realizá-los agora.

Para estimular mais ainda o equilíbrio, e se o incomoda a posição da mão apoiada no colchonete, pode fazer um punho com a mão e apoiar os nós dos dedos no colchonete.

A ser levado em conta

- Se tiver uma lesão no joelho, quadril, pulsos, ombros ou costas, não realize este exercício. Assegure-se de que mantém o quadril alinhado com o joelho durante o balanço da perna. Também os ombros devem permanecer alinhados com o cotovelo e a mão do braço que se apóia no colchonete. Mantenha o corpo firme.
- Controle a amplitude do balanço da perna, concentrando-se no equilíbrio.

Transição

A partir da posição da última repetição da série, baixe a perna, com fluidez, junto à outra e sente-se em uma cadeira. Coloque um joelho sobre o outro e um pé sobre o outro para preparar a *Sereia*.

◆ **SEREIA**

NÍVEL TÉCNICO: avançado.
REPETIÇÕES: 2 a 3 de cada lado.
OBJETIVOS: fortalecer e alongar a cintura e as laterais do corpo; trabalhar o centro de força e a respiração.

Posição inicial

Sente-se em uma cadeira colocando um joelho sobre o outro e um pé sobre o outro. Segure os tornozelos com a mão que está ao lado das pernas para mantê-las bem flexionadas. Eleve o outro braço até colocá-lo esticado e colado à orelha. Forme uma linha reta com o quadril e a mão levantada na direção do teto.

Movimento

Inspire e, alongando a cintura, estique ainda mais o braço para cima, colando-o à orelha. Dobre o corpo na direção das pernas sem descolar o braço da orelha. Expire expulsando o ar a partir da cintura, enquanto flexiona o cotovelo – "abraçando a cabeça" – e se aproxima mais das pernas. Gire a cabeça e dirija o nariz na direção dos joelhos. Desfaça o "abraço" enquanto inspira e volta ao centro. Expire e faça descer o braço que está em cima até apoiar a mão no colchonete. Solte os tornozelos com a outra mão e eleve o braço até colocá-lo ao lado da orelha. Inspire e estique o braço na direção do teto. Deslize a outra mão, sem flexionar o braço, sobre o colchonete e expire enquanto alonga os lados sem levantar o quadril oposto. Inspire e, com o centro de força, volte à posição central. Desça o braço para segurar de novo os tornozelos enquanto expira. Repita mais uma a duas vezes. Depois, ajoelhe-se e mude de lado, sentando-se sobre o outro quadril.

Modificação

- No princípio, durante a segunda parte da *Sereia*, quando deslizar a mão sobre o colchonete pode flexionar o cotovelo e apoiá-lo no colchonete para se ajudar no alongamento da cintura e da lateral do corpo e controlar o quadril oposto.

O autêntico método Pilates

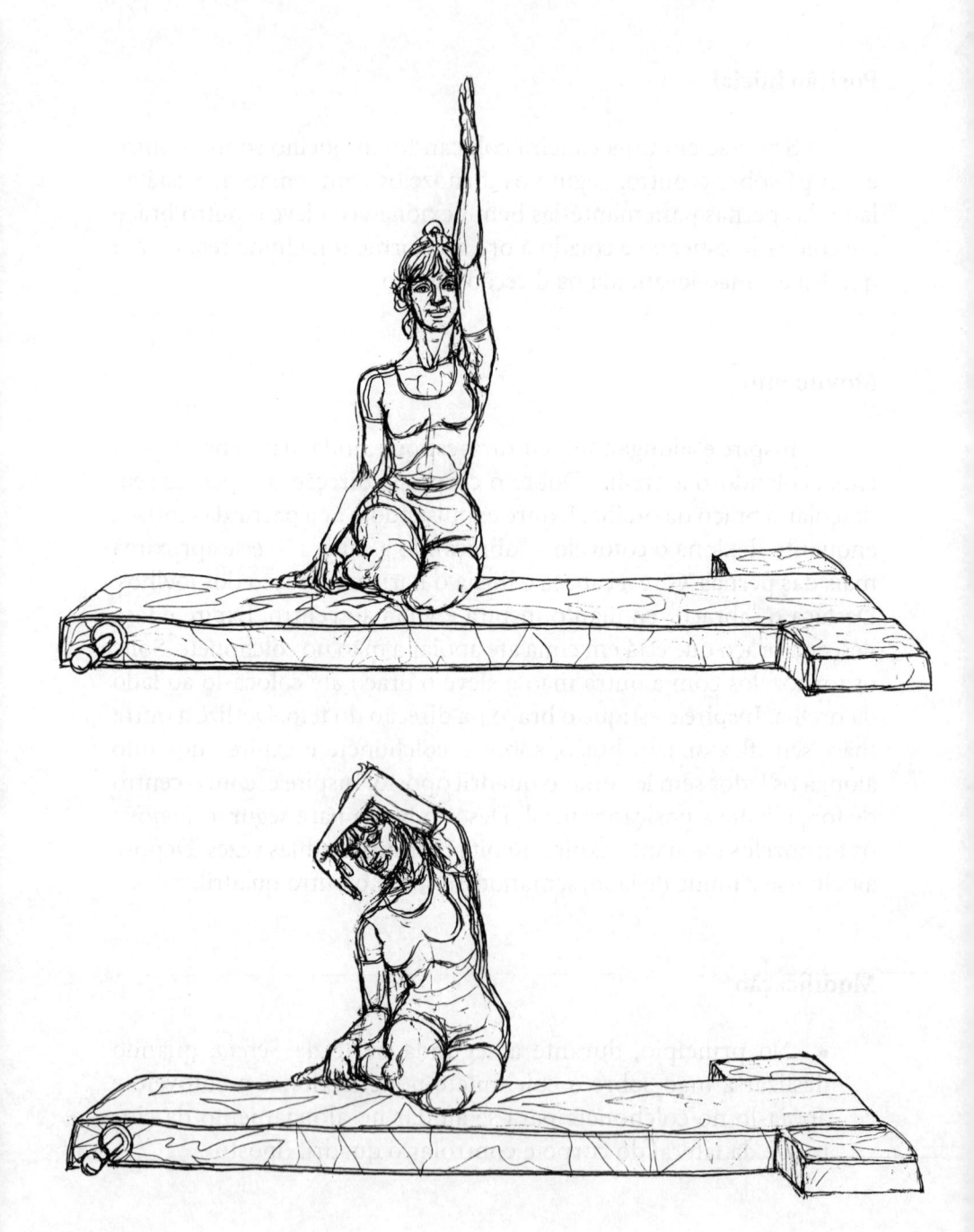

Exercícios do sistema avançado no colchonete

Progressão

Durante a segunda parte da *Sereia*, sem cair sobre a cintura, aumente a amplitude do movimento até que, com o braço esticado sobre o colchonete, consiga aproximar ao máximo a lateral do corpo ao colchonete. Continue "abraçando" a cabeça também nesta posição.

A ser levado em conta

- Se tiver lesões nos joelhos, costas, quadris, ombros, cotovelos, pulsos ou tornozelos, não realize este exercício.
- Cuide do alinhamento da caixa para obter um maior alongamento e não machucar as costas.
- Estire-se para cima antes de se inclinar e, ao flexionar o torso, não encurte as laterais do corpo. Fixe o máximo possível os quadris no colchonete, especialmente na segunda parte do exercício.
- Tente colocar uma perna sobre a outra, com os joelhos e os tornozelos juntos.
- Assegure-se de que o braço levantado "abraça" a cabeça. Este movimento ajuda a alongar a lateral do corpo.

Transição

Com fluidez e controle, coloque-se de pé no colchonete na posição Pilates e situe-se de frente e no meio da borda posterior do colchonete para preparar as *Flexões*.

◆ FLEXÕES

NÍVEL TÉCNICO: avançado.
REPETIÇÕES: 3 séries de três repetições.
OBJETIVOS: fortalecer o centro de força, os braços, os ombros e o peito.

Posição inicial

Coloque-se de pé no meio da borda posterior do colchonete, com os pés e as pernas na posição Pilates e os braços estirados ao lado do corpo.

Movimento

Leve o queixo na direção do peito e rode a coluna para baixo até apoiar as mãos no colchonete. Caminhe com as mãos para frente até adotar a posição de *Flexões*. Nesta posição, as mãos são colocadas bem abaixo dos ombros. Mantenha o corpo firme, descrevendo uma linha dos calcanhares até a cabeça. Os calcanhares devem permanecer perpendiculares aos dedos dos pés e dos ombros, e na vertical com os pulsos. Flexione os braços e faça o corpo descer até o colchonete. Mantenha os cotovelos pressionando firmemente as laterais do corpo, as costas retas e o ventre para dentro. Estique os braços, mantendo o corpo em linha reta. Realize mais duas flexões. Depois da última flexão, leve o queixo até o peito e o nariz até os joelhos, retroceda caminhando com as mãos em direção aos pés e pressionando os calcanhares para baixo contra o colchonete. Finalmente, mantendo os quadris perpendiculares aos calcanhares, faça rodar a coluna para se reincorporar até ficar de pé (isto seria uma série). Realize mais duas séries e, na repetição final, reincorpore-se e coloque os braços esticados sobre a cabeça.

O autêntico método Pilates

Progressão

Estas flexões também podem ser realizadas com uma perna elevada. A seqüência deverá ser feita na seguinte ordem: uma série como a descrita anteriormente, outra com a perna direita elevada e a última com a perna esquerda elevada.

Finalmente, ao deslocar as mãos na direção do pé, depois de ter realizado as flexões com uma perna levantada, eleve um pouco mais a perna posterior e a mantenha nesta posição enquanto tenta levantar simultaneamente as duas mãos do colchonete; alongue os braços para frente e mantenha a perna esticada para trás. Para terminar, junte os pés e coloque-se de pé na posição Pilates para repetir a seqüência elevando a outra perna (denominamos esta seqüência "flexões com uma perna elevada").

A ser levado em conta

- Não realize este exercício se tiver alguma lesão nas costas, ombros, nuca, cotovelos ou pulsos.
- Não afunde a parte inferior da coluna; utilize o centro de força.
- Assegure-se de manter os cotovelos "colados" ao corpo durante as flexões.
- Mantenha toda a coluna esticada e a cabeça alinhada com o corpo.
- Tente tocar o colchonete com o peito ao flexionar os braços.

Transição

Lembre-se de que o último exercício do colchonete deve ser *A foca*. Uma vez finalizadas as *Flexões*, dê a volta e se coloque no centro da borda do colchonete na posição Pilates, com os braços cruzados bem no nível dos ombros e os cotovelos levantados. Cruze as pernas e, com controle e fluidez, desça para ficar na posição sentada sobre o colchonete e preparar *A foca* (ver a pág. 164).

QUARTA PARTE

SÉRIE DA PAREDE

Esta é uma série de exercícios do sistema básico fundamentais para terminar uma sessão do método Pilates. Os exercícios da parede fortalecem a coluna, melhoram o alinhamento do corpo e aliviam a tensão do pescoço e dos ombros. Constituem uma clara transição do trabalho realizado inicialmente no Universal Reformer e no colchonete, na posição vertical e natural em que se desenvolvem as atividades cotidianas da pessoa. Na parede deve-se tomar consciência da coluna e do alinhamento do corpo trabalhando lentamente e com concentração, vértebra por vértebra. A série de exercícios na parede pode ser realizada com ou sem pesos de meio quilo ou de um quilo. Se tiver problemas nos cotovelos, nuca ou ombros, deve realizar toda a série sem pesos.

◆ CÍRCULOS COM OS BRAÇOS

REPETIÇÕES: 3 a 5.
OBJETIVOS: trabalhar o completo alinhamento da coluna e o do corpo; fortalecer, a partir do centro de força, os braços, as laterais do corpo e os ombros.

Posição inicial

Coloque-se com as costas e os calcanhares colados à parede, os pés na posição Pilates e os braços nas laterais do corpo com as palmas das mãos apoiadas contra a parede. Agora coloque uma mão entre a parede e a região lombar para verificar o espaço que existe. Pode ser que esteja arqueando excessivamente a zona inferior da coluna, o que contribui para possíveis dores nas costas e para uma postura deficiente. Coloque a mão entre as costas e a parede e tente sentir a coluna esticada em linha reta. Como isto é quase impossível, empurre o umbigo na direção da coluna, o cóccix para baixo e, concentrando-se na região lombar, vá separando os calcanhares da parede até conseguir apoiá-la totalmente. Tente apoiar também a parte intermediária e superior das costas. Abra o peito, empurrando os ombros para trás, alongue a parte superior do pescoço e abra as clavículas, e, se possível, apóie a parte posterior da cabeça na parede. Não sacrifique o apoio das costas em troca daquele da cabeça. Mantenha os joelhos suavemente esticados e junte a face interior das coxas como se quisesse fechar uma cremalheira dos calcanhares para cima.

Movimento

Mantendo a coluna apoiada contra a parede, leve as mãos diante dos quadris com os braços e os cotovelos levemente esticados. Empurre o umbigo na direção da coluna, alongue a nuca e mantenha o peito aberto, enquanto começa a descrever um círculo levantando os braços para frente e para cima, enquanto inspira. Expire abrindo-os para os lados até o limite do seu campo de visão e leve-os para baixo novamente diante dos quadris. Repita o movimento mais duas a quatro vezes e depois inverta a direção dos círculos.

Modificação

- Se tiver problemas nos ombros ou na nuca, não deverá realizar, a princípio, os círculos; só deverá levar os braços para cima e para baixo em linha reta. Se melhorar, pode começar a descrever os círculos, mas sempre conservando uma amplitude de movimento confortável.

Série da parede

- Se tiver uma lesão nos joelhos e a posição Pilates lhe provocar dor, trabalhe com os pés separados exatamente na amplitude dos quadris. Não se esqueça de que os pés, os joelhos e os quadris devem permanecer alinhados.

A ser levado em conta

- Se não utilizar pesos, tente manter as mãos o mais juntas possível; se usá-los, junte, então, as extremidades dos pesos ao

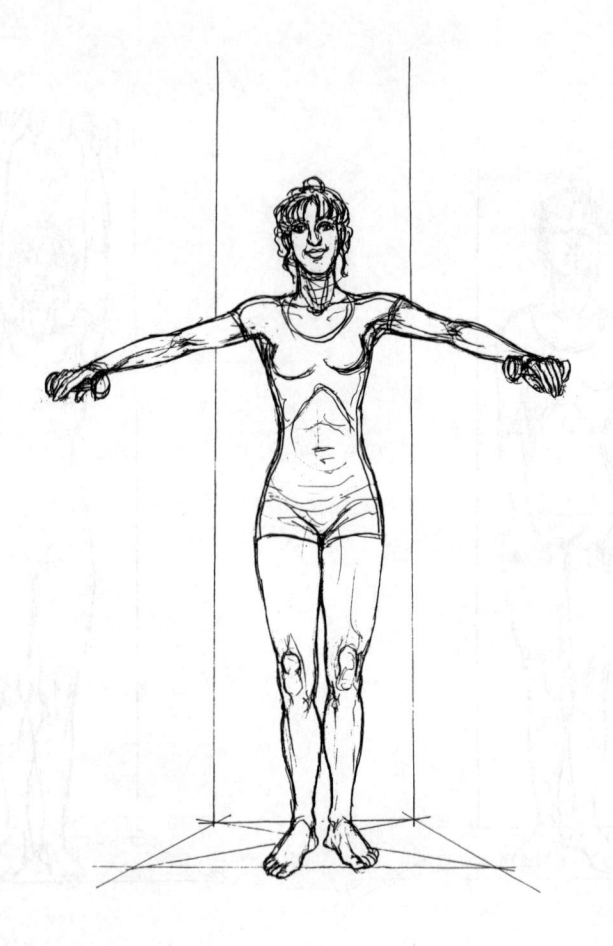

levantar os braços diante do peito, para sentir, deste modo, a linha central do corpo. Isto o ajudará muito no alinhamento da caixa e a observar se encurta mais um lado do que o outro.
- Se tiver dificuldade para manter toda a coluna completamente colada contra a parede, assegure-se de que, no mínimo, usa o centro de força e cola a parte inferior e intermediária. Não sacrifique o apoio da região lombar para manter a parte posterior do pescoço e os ombros contra a parede.
- Pode separar ligeiramente a cabeça e os ombros, embora deva controlar para que continuem alinhados com o resto da coluna.

- Conserve as pernas juntas e apertadas, mas assegure-se de não hiperestender os joelhos.

◆ RODAR PARA BAIXO

REPETIÇÕES: 1; 5 círculos em cada direção.
OBJETIVOS: articular vértebra por vértebra; melhorar a colocação das costas; estirar os ombros e as costas; relaxar.

Posição inicial

Parta da posição inicial do exercício anterior.

Movimento

Deixe cair a cabeça para baixo, permitindo que o seu peso separe, pouco a pouco, a coluna vertebral da parede. Deixe que os braços, relaxados, acompanhem o movimento de maneira natural. Trabalhe vértebra por vértebra e rode para baixo, empurrando sempre o umbigo na direção da coluna e elevando a cintura. Quando sentir o estiramento nos ombros e nas costas, pare, sinta que os lombares pressionam contra a parede e relaxe a cabeça e a nuca. Descreva cinco pequenos círculos com os braços relaxados em uma direção, depois descreva mais cinco na outra. Partindo do centro de força, reincorpore-se rodando para cima, voltando a colocar a coluna, vértebra por vértebra, contra a parede.

A ser levado em conta

- Se tiver as costas rígidas, rode até onde for capaz de se estirar. Se, ao contrário, possuir uma coluna mais flexível, deve se con-

centrar em manter a região lombar colada, elevando-se a partir da cintura.
- Assegure-se de não hiperestender os joelhos.
- Reincorpore-se trabalhando vértebra por vértebra, relaxando os ombros e a cabeça (esta deve ser a última parte do corpo a se elevar).

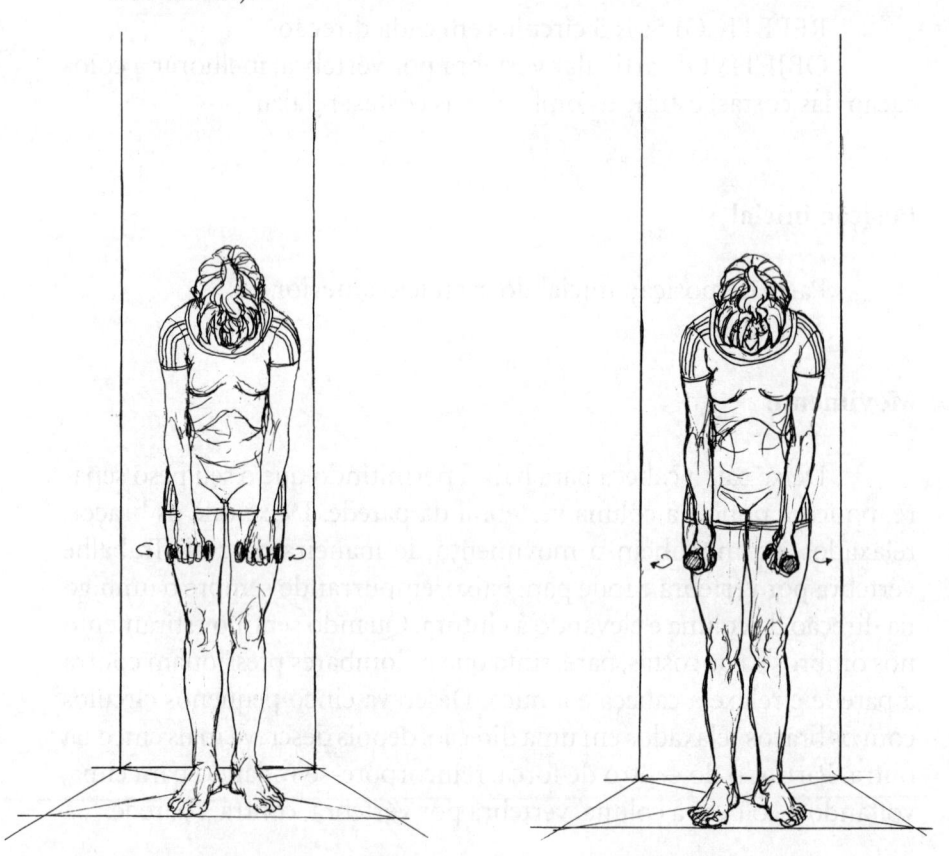

◆ SENTAR-SE

REPETIÇÕES: 1 a 2, segurando enquanto conta até 3 a 5.
OBJETIVOS: fortalecer o centro de força, os quadris, os joelhos e os quadríceps; trabalhar o alinhamento.

Posição inicial

Partindo da posição inicial do exercício anterior, separe as pontas dos pés para que fiquem perpendiculares aos quadris; depois, alinhe os calcanhares com as pontas dos pés. Afaste um pouco mais os pés da parede, conservando as costas coladas a esta.

Movimento

A partir do centro de força, alongue a coluna e, sem descolá-la da parede, eleve os braços até a altura dos ombros, enquanto "se senta em uma cadeira imaginária". Desça até flexionar os joelhos não mais que 90 graus ou, o que dá na mesma, que as nádegas não abaixem no nível dos joelhos. Assegure-se de que toda a coluna permanece colada à parede e alinhe as pernas paralelamente aos quadris, aos joelhos e aos pés. Agüente esta posição enquanto contar até entre três e cinco. Volte a deslizar para cima, baixando os braços simultaneamente. Inspire ao baixar, segure o ar na posição sentada e expire ao subir. Repita o exercício mais uma vez. Finalize apoiando as mãos contra a parede e juntando as pernas e os calcanhares na posição Pilates. Empurre mais ainda o umbigo na direção da coluna e retroceda de novo com os pés para colar os calcanhares contra a parede, tentando deixar as costas totalmente coladas à parede. Pressione-se com as mãos e descole a parte superior das costas da parede. Dê um passo para frente para "sair" completamente da parede.

Modificação

- Se tiver os joelhos delicados, não deve flexioná-los demais – ou seja, não desça até o ponto de dor e concentre-se em manter a coluna completamente colada à parede e as pernas bem alinhadas.

- Se tiver problemas nos ombros, pode realizar a ação de sentar-se soltando os braços nas laterais do corpo e apoiando a mão nas coxas.

Progressão

Para aumentar o grau de dificuldade, levante os braços na direção do teto e flexione simultaneamente os joelhos.

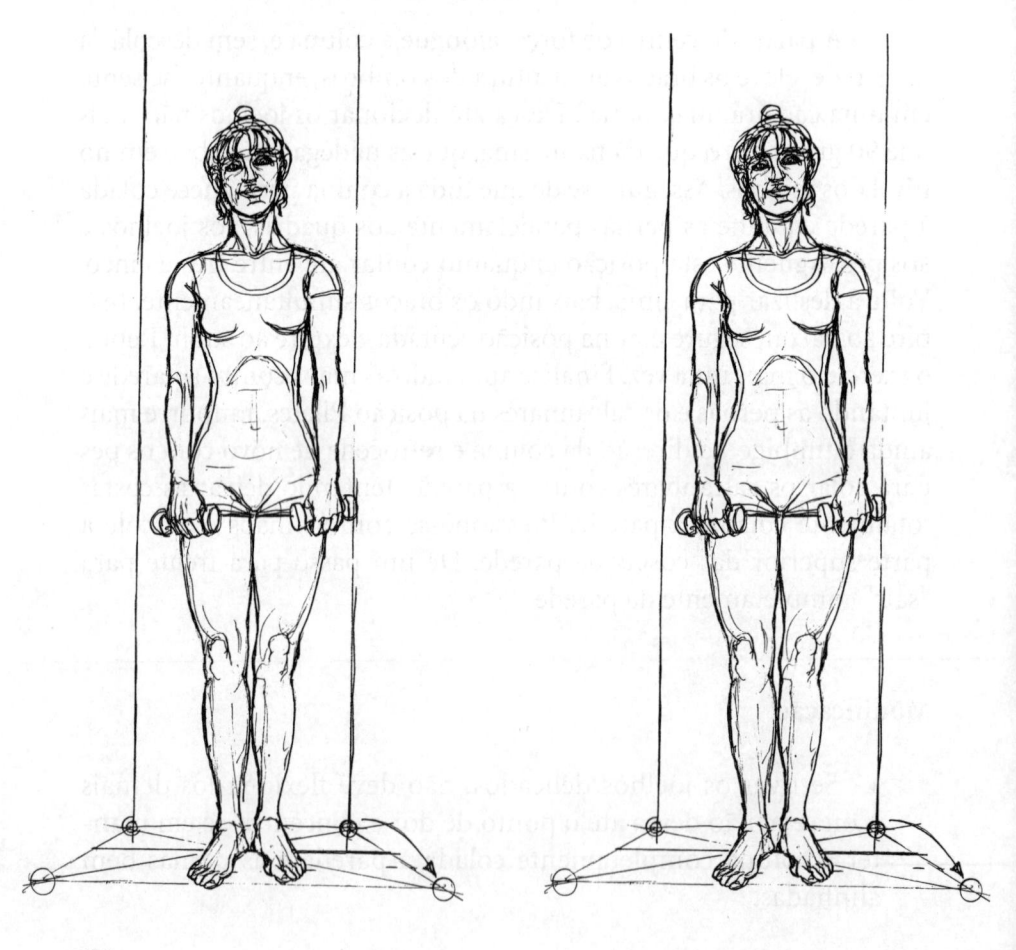

Série da parede

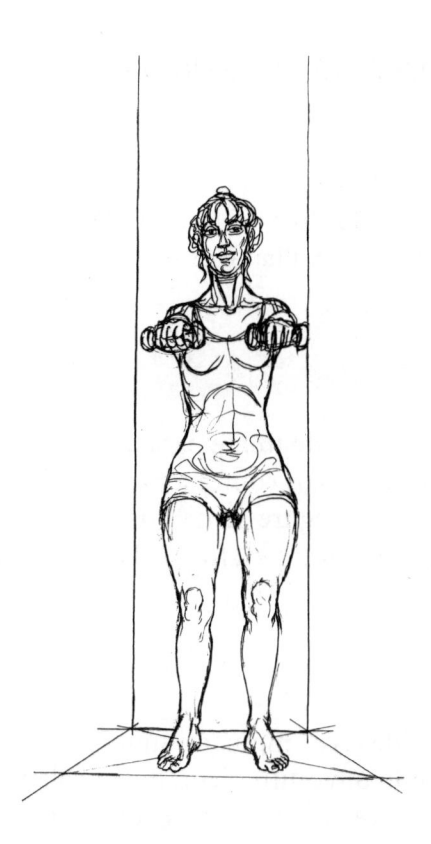

A ser levado em conta

- Se tiver lesões na coluna, joelhos ou quadris, e for a primeira vez que vai realizar este exercício, nós lhe recomendamos que, por enquanto, não o faça; mais adiante, quando seu centro de força estiver mais forte, pode começar a realizá-lo com precaução, limitando a flexão dos joelhos.
- Não separe os ombros nem a cabeça da parede durante todo o exercício.
- A flexão dos joelhos nunca deve ultrapassar a perpendicularidade com os dedos dos pés.
- Mantenha o alinhamento correto dos joelhos com relação aos pés e aos quadris.

◆ "2 x 4" DE FRENTE PARA A PAREDE

REPETIÇÕES: 3.
OBJETIVOS: Trabalhar o centro de força, a postura, o alinhamento e a articulação dos tornozelos; fortalecer os pés, as pernas e as nádegas; alongar as panturrilhas e os tendões de Aquiles.

Posição inicial

Coloque-se de pé, de frente para a parede, na posição Pilates. Coloque as palmas das mãos contra a perde, bem à frente e em linha reta com os ombros. Assegure-se de que a coluna está esticada e o peso do corpo, ligeiramente para frente. Levante os arcos dos pés.

Movimento

Aperte as nádegas e empurre o umbigo na direção da coluna e para cima. Mantendo um centro firme e sem balançar a pélvis, articule os tornozelos e eleve os calcanhares, juntos, o máximo que puder. Conserve os calcanhares altos e juntos, o cóccix apontando para o solo e o ventre para a coluna, enquanto flexiona os joelhos até ficarem em linha reta e perpendiculares aos dedos dos pés. Mantendo os joelhos flexionados, empurre os calcanhares na direção do solo e faça os pés curvarem até os calcanhares tocarem o solo. Por último, estique e junte as pernas como se fechasse uma cremalheira dos calcanhares para cima. Repita mais duas vezes este exercício. Depois, realize esta variação: sem separar nem subir os calcanhares, flexione os joelhos até ficarem alinhados com os dedos. Articule os tornozelos e levante os calcanhares. Mantenha os calcanhares juntos e altos e estique as pernas. Depois, sem flexionar os joelhos, empurre os calcanhares na direção do solo, fazendo, de novo, o pé rodar. Repita mais duas vezes esta variação.

Modificação

- Se tiver lesões ou dor nas costas, pode praticar este exercício somente subindo e baixando os calcanhares; omita as flexões dos joelhos e trabalhe na posição paralela à amplitude dos quadris.
- Se tiver problemas nos joelhos, pode realizar o exercício com as pernas paralelas à amplitude dos quadris. Concentre-se em manter os pés, os joelhos e os quadris bem alinhados.

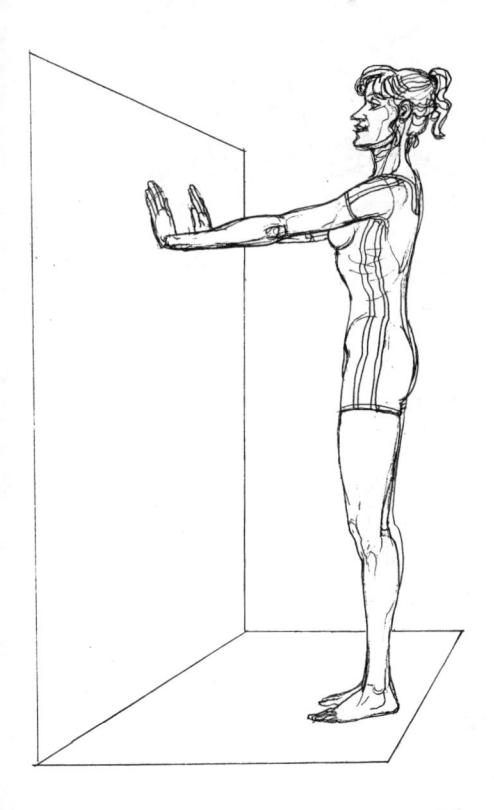

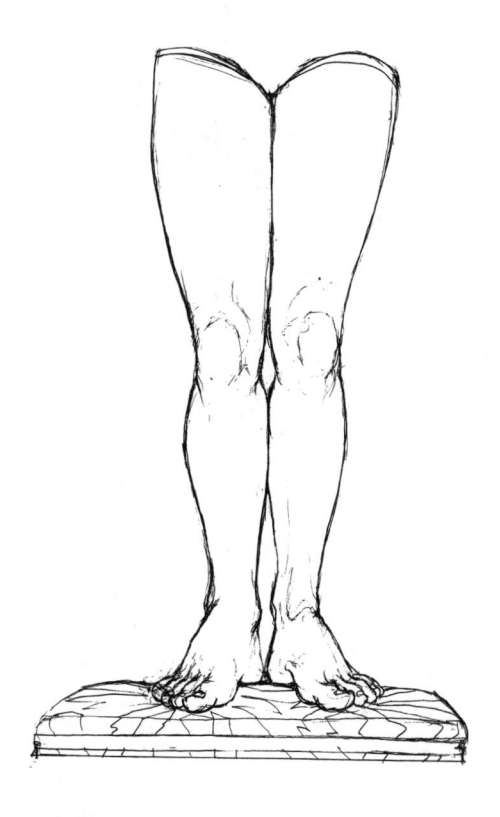

O autêntico método Pilates

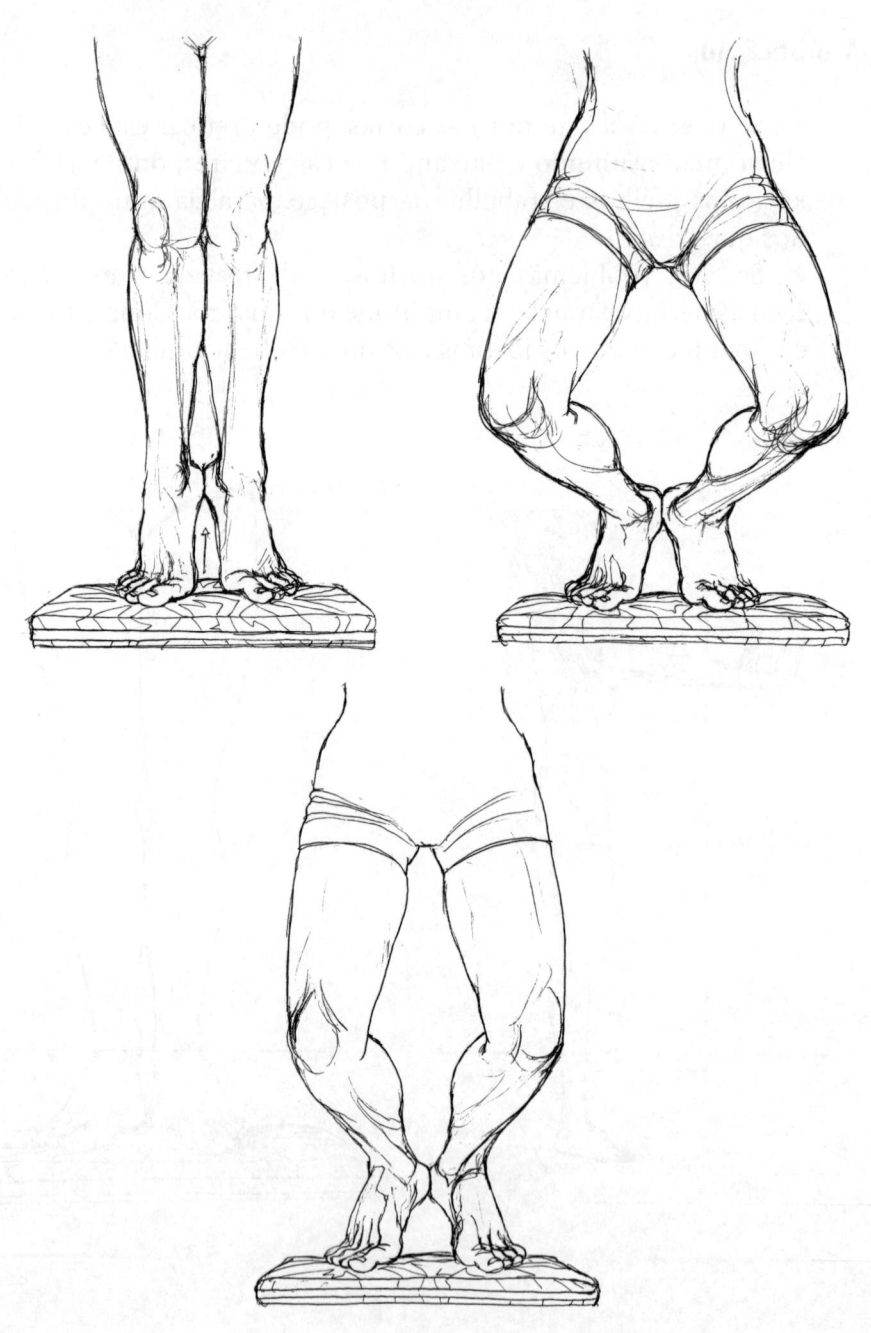

Progressão

Para aumentar o estiramento e a flexibilidade dos tendões, pode-se colocar uma lista telefônica no chão e realizar o exercício apoiando sobre este os metatarsos dos pés (os cinco dedos dos dois pés).

A ser levado em conta

- Se tiver alguma lesão nos pés, realize este exercício com precaução e com um tipo de movimento que não lhe cause dor. Este exercício pode ajudá-lo a fortalecer os pés e a melhorar a postura.
- Durante o exercício, a coluna deve estar estirada e o cóccix apontando para o solo.
- Mantenha um centro firme e não coloque o peso do corpo sobre as mãos ou contra a parede.
- Conserve o apoio em todos os dedos dos pés e não deixe cair os arcos plantares.
- Concentre-se em trabalhar a articulação dos tornozelos e não permita que os pés balancem de um lado para o outro.
- Durante a flexão dos joelhos, tenha cuidado para eles não virem para dentro ou se abrirem demasiado. Os joelhos devem permanecer na vertical com os dedos dos pés.
- Mantenha os calcanhares juntos durante o exercício e conserve os pés, os joelhos e os quadris bem alinhados (estes últimos, ligeiramente girados para fora).

QUINTA PARTE

SÉRIE COM OS PESOS

Nesta série, enfatize especialmente o alinhamento corporal e o uso, sempre a partir do centro de força, de todo o corpo, e não somente dos braços. Depois de dominar a série da parede, a de pesos é fantástica para terminar uma sessão.

Se tiver problemas nas costas, ombros, nuca, cotovelos ou pulsos, deve realizar esta série, a princípio, sem pesos.

TABELA DE SISTEMAS, REPETIÇÕES E ORDEM DOS EXERCÍCIOS

SISTEMA BÁSICO	SISTEMA INTERMEDIÁRIO	SISTEMA AVANÇADO
Braços p/ frente 90º: 4 a 6 repetições. **Braços para os lados 90º:** 4 a 6 repetições. **Flexões do antebraço, de pé:** 4 a 6 repetições.	**Boxe:** 4 a 6 séries. **Laterais:** 2 a 4 séries **O morcego:** 3 a 5 repetições **Cremalheira:** 3 a 5 repetições **Barbeado:** 3 a 5 repetições	**Flexões do antebraço em posição de tábua:** 4 a 6 repetições. **Expansão do peito:** 2 séries. **Círculos com os braços:** 2 séries de 8 a 10 repetições. **Estocadas:** 2 repetições com cada perna.

1
EXERCÍCIOS DO SISTEMA BÁSICO

◆ BRAÇOS PARA FRENTE 90º

NÍVEL TÉCNICO: básico.
REPETIÇÕES: 4 a 6.
OBJETIVOS: trabalhar o centro de força e o alinhamento corporal; fortalecer as costas, os ombros, os bíceps e as laterais do corpo.

Posição inicial

Coloque-se de pé na posição Pilates com os braços estendidos ao longo do corpo, mantenha os joelhos levemente esticados e o corpo erguido. Empurre o ventre para dentro e para cima, e coloque o peso do corpo ligeiramente para frente, alongando a coluna desde a base até a nuca. Relaxe as costelas e abra o peito. Trabalhe a face interior dos músculos e "feche a cremalheira" desde os calcanhares até em cima. Segure os pesos entre o dedo polegar e a palma de cada mão.
Eleve e estire os braços para frente até alcançar a altura dos ombros, sem ultrapassar sua amplitude, e mantendo as palmas das mãos para cima.

Movimento

Sem mover a posição dos cotovelos, flexione-os fazendo os antebraços subirem até formar um ângulo de 90º. Mantenha a posição erguida. Com um movimento controlado e sem mover os cotovelos, recupere de novo a posição esticada dos braços. Repita o movimento mais três a cinco vezes.

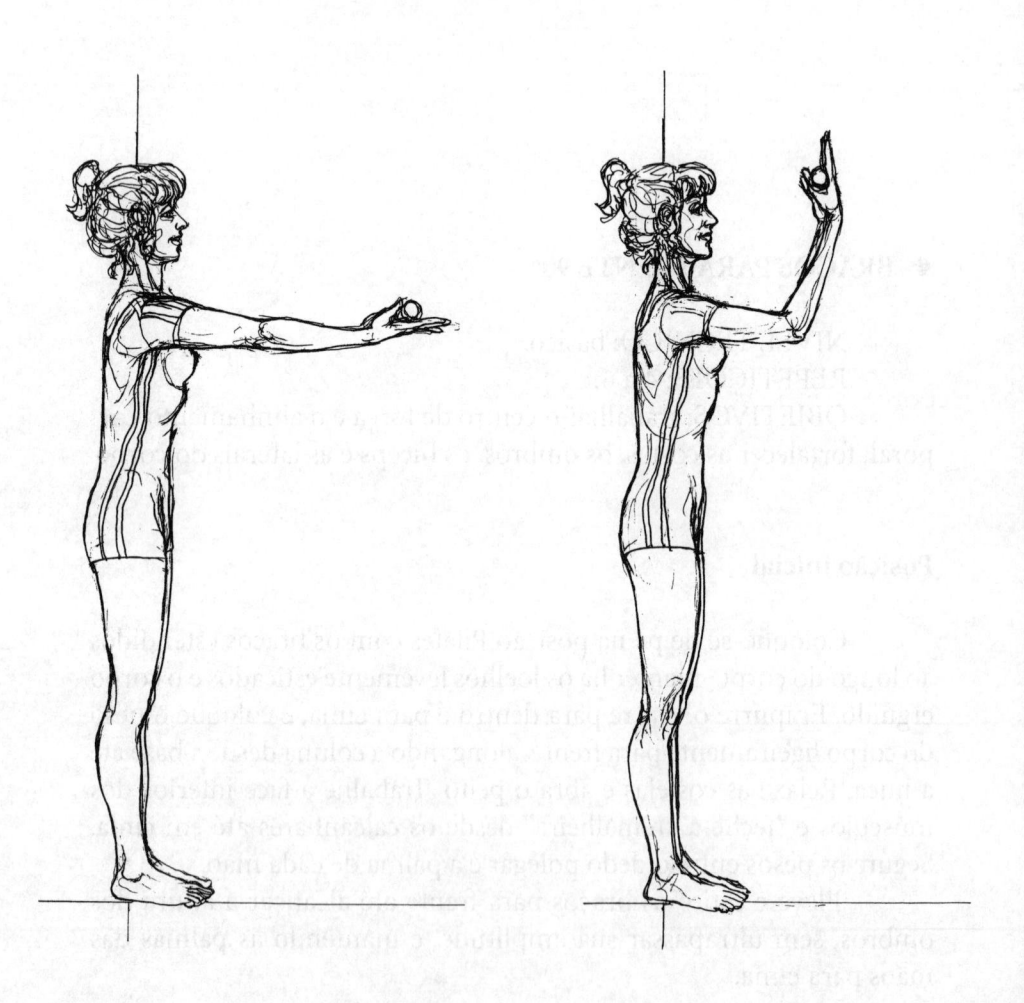

Modificação

- Se tiver dificuldade em manter os pulsos alinhados, pode segurar os pesos agarrando-os com todos os dedos da mão.

Progressão

Para intensificar o trabalho, pode-se acrescentar uma flexão e uma extensão do pulso.

A ser levado em conta

- Lembre-se de que, caso sinta dor nas costas, ombros, nuca, cotovelos ou pulsos, deve realizar toda a série, no início, sem os pesos.
- Trabalhe os braços e as costas a partir do centro de força.
- Mantenha-se erguido na posição Pilates, conserve a caixa bem alinhada e o peso do corpo ligeiramente para frente.
- Ao estender os antebraços, deixe os cotovelos suavemente estirados, sem forçar a articulação e conservando os pulsos alinhados. Alinhe toda a coluna desde a base até a nuca.

◆ BRAÇOS PARA OS LADOS 90º

NÍVEL TÉCNICO: básico.
REPETIÇÕES: 4 a 6.
OBJETIVOS: trabalhar o alinhamento corporal e o centro de força; fortalecer as costas, ombros, bíceps e laterais do corpo.

Posição inicial

Continue de pé, na posição Pilates, e a partir da posição inicial do exercício anterior, continue com as palmas das mãos para cima e desloque os braços lateralmente até os limites do seu campo de visão.

Movimento

Sem mexer a posição dos cotovelos, com um movimento lento e controlado, flexione-os fazendo subir os antebraços até formar um ângulo de 90º. Estenda-os com controle. Repita este movimento mais três a cinco vezes.

Modificação

- Se tiver dificuldade para manter os pulsos alinhados, pode segurar os pesos agarrando-os com todos os dedos da mão.

Progressão

Para intensificar o trabalho, pode-se acrescentar uma flexão e uma extensão do pulso.

A ser levado em conta

- Lembre-se de que, se lhe doerem as costas, ombros, nuca, cotovelos ou pulsos, deve realizar toda a série, a princípio, sem os pesos.
- Trabalhe os braços e as costas a partir do centro de força.

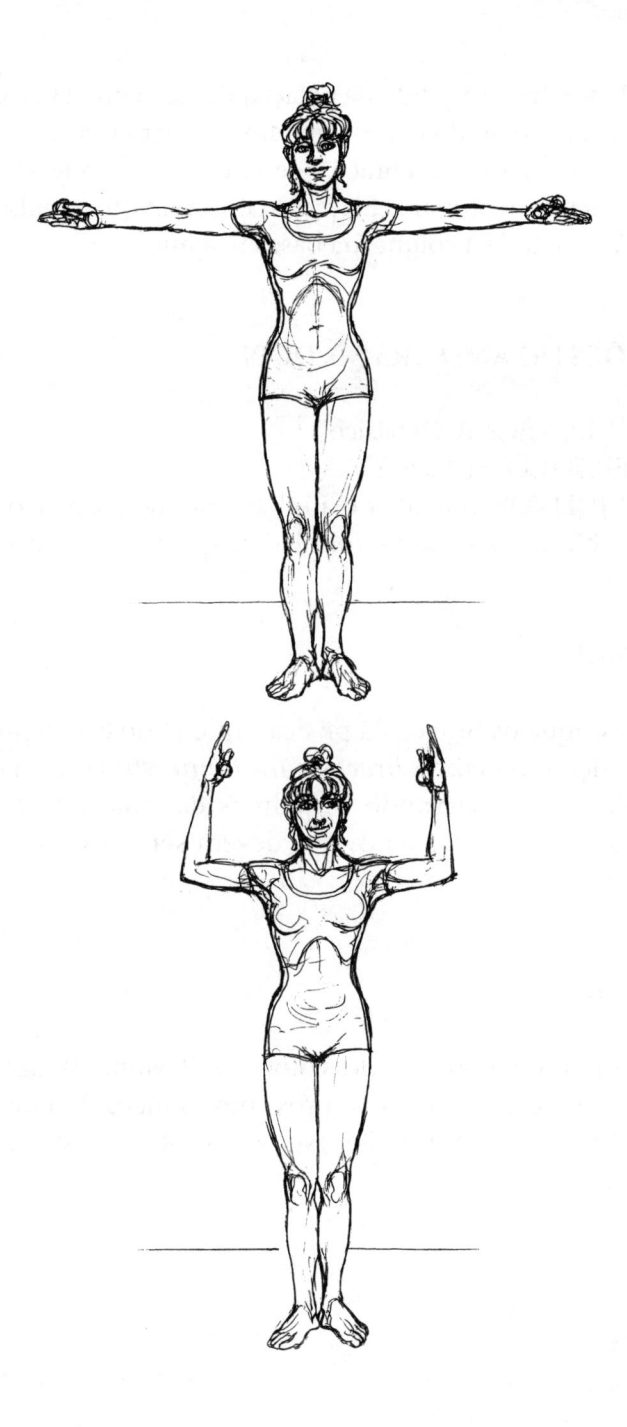

Exercícios do sistema básico

- Mantenha-se erguido na posição Pilates, conserve a caixa bem alinhada e o peso do corpo ligeiramente para frente.
- Ao estender os antebraços, deixe os cotovelos levemente esticados, sem forçar a articulação e conservando os pulsos alinhados. Alinhe toda a coluna, da base até a nuca.

◆ FLEXÕES DO ANTEBRAÇO, DE PÉ

NÍVEL TÉCNICO: básico.
REPETIÇÕES: 4 a 6.
OBJETIVOS: trabalhar o alinhamento do corpo e o centro de energia, os bíceps e os tríceps; fortalecer as costas e os ombros.

Posição inicial

Desloque os braços da posição inicial do exercício anterior para a posição inicial de *Braços para frente 90º* (ver a pág 261) e faça-os descer, conservando as palmas das mãos para cima até as laterais do corpo. Os cotovelos devem ser mantidos colados à cintura.

Movimento

Sem mover a posição dos cotovelos, flexione-os fazendo o antebraço subir até alcançar os ombros com as mãos. Depois, com um movimento lento e controlado, estenda-os. Repita este movimento mais três a cinco vezes.

Exercícios do sistema básico

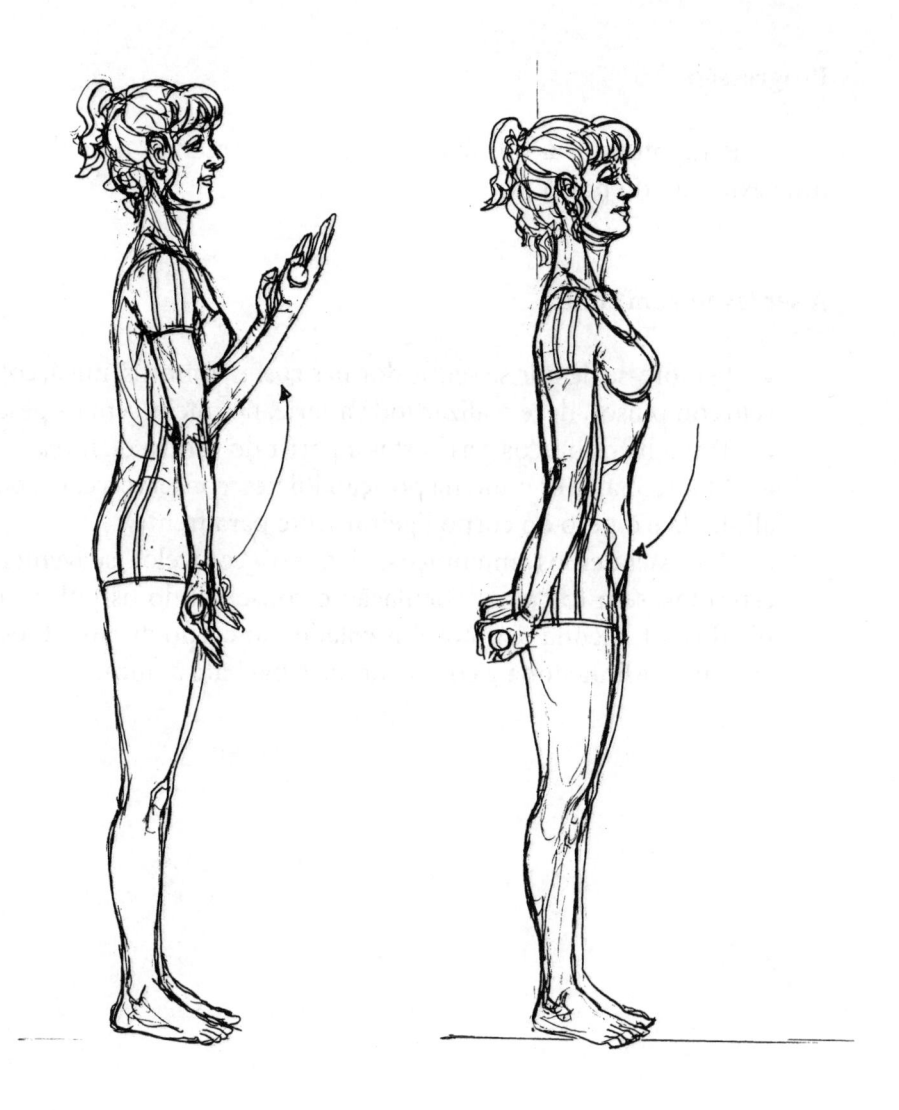

Modificação

- Se tiver dificuldade em manter os pulsos alinhados, pode segurar os pesos agarrando-os com todos os dedos da mão.

Progressão

Para intensificar o trabalho, pode-se acrescentar uma flexão e uma extensão do pulso.

A ser levado em conta

- Lembre-se de que se sentir dor nas costas, ombros, nuca, cotovelos ou pulsos, deve realizar toda a série, no início, sem os pesos.
- Trabalhe os braços e as costas a partir do centro de força.
- Mantenha-se erguido na posição Pilates, conserve a caixa bem alinhada e o peso do corpo ligeiramente para frente.
- Ao estender os antebraços, deixe os cotovelos suavemente estirados, sem forçar a articulação e conservando os pulsos alinhados. Mantenha os cotovelos colados ao corpo durante todo o exercício. Alinhe toda a coluna desde a base até a nuca.

2
EXERCÍCIOS DO SISTEMA INTERMEDIÁRIO

◆ **BOXE**

NÍVEL TÉCNICO: intermediário.
REPETIÇÕES: 4 a 6 séries.
OBJETIVOS: fortalecer as costas, o centro de força, os braços e os ombros; trabalhar o alinhamento corporal.

Posição inicial

Partindo da posição Pilates de pé, separe as pontas dos pés até alcançar uma distância equivalente à da amplitude dos quadris, e depois alinhe os calcanhares com as pontas dos pés. Leve o queixo até o peito e deixe cair a cabeça. Mantenha os braços relaxados. Empurrando o umbigo na direção da coluna, rode para baixo enquanto flexiona os joelhos. Estenda as costas horizontalmente, traçando uma linha reta desde o cóccix até o alto da cabeça, como se fosse a "tábua de uma mesa". Feche as mãos e leve os punhos até os ombros, mantendo os cotovelos junto ao corpo. Coloque os quadris bem acima dos calcanhares.

Movimento

Alternando os braços, com um movimento similar ao que se realiza no boxe, estique um braço para frente e outro para trás. Oriente as palmas das mãos para baixo sem girar os pulsos. Troque a posição dos braços: o que está na frente passa para trás e o de trás passa para frente (isto é uma série). Repita mais três a cinco séries. Ao terminar, relaxe a cabeça e deixe seus braços caírem na direção do solo, volte a juntar os calcanhares e as pernas na posição Pilates e faça rodar a coluna para cima.

Modificação

- Se for principiante ou tiver a coluna vertebral rígida ou frágil, pode "arredondar" um pouco a região lombar.

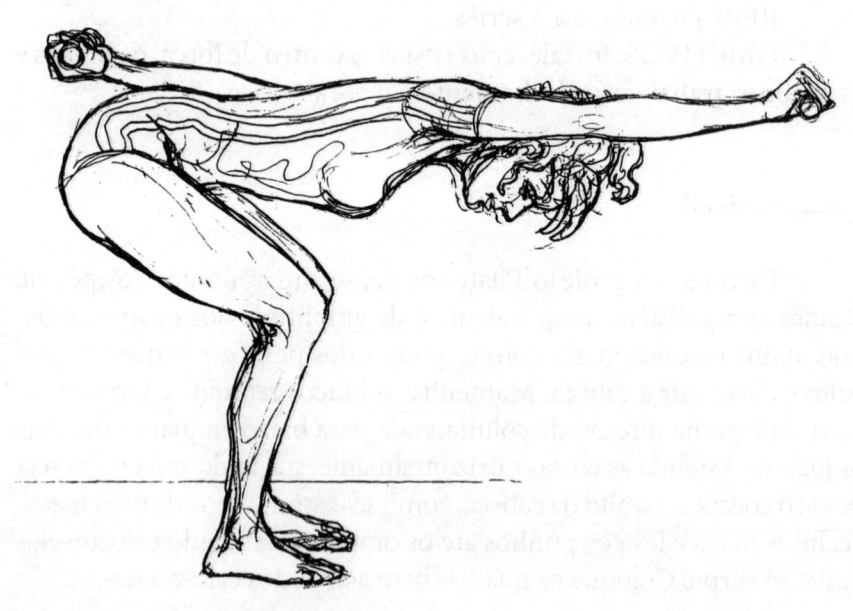

A ser levado em conta

- Lembre-se de que se tiver dor nas costas, ombros, nuca, cotovelos ou pulsos, no início deve fazer toda a série sem os pesos.
- Se tiver dor ou lesões nas costas, tenha um cuidado especial ao realizar este exercício; talvez deva esperar algum tempo antes de fazê-lo.
- Mantenha o peso do corpo ligeiramente para frente e assegure-se de que os joelhos estão flexionados perpendicularmente aos pés.
- Use o centro de força e realize os movimentos com controle e sem brusquidão.
- Empurre o ventre na direção da coluna e não arqueie a região lombar.
- Mantenha os braços alinhados com o corpo e paralelos ao solo.

◆ LATERAIS

NÍVEL TÉCNICO: intermediário.
REPETIÇÕES: 2 a 4 séries.
OBJETIVOS: trabalhar e alongar a cintura e as laterais do corpo; fortalecer o centro de força.

Posição inicial

Depois de realizar o exercício *Boxe*, volte à posição Pilates. Os braços devem estar estendidos ao longo do corpo.

Movimento

Flexionando o antebraço, eleve um braço e cole-o à orelha, mantendo o outro relaxado ao lado do corpo. Inspire enquanto cresce e, esticando o braço elevado para cima, flexione o tronco lateralmente e gire a cabeça para o lado do braço que permanece relaxado, deixando-o cair na direção do solo. A partir da cintura, expulse o ar e flexione o cotovelo do braço elevado "abraçando a cabeça" para aumentar o alongamento. Inspire e estique o braço levantado, sem soltá-lo da orelha, para regressar ao centro. Inverta a posição dos braços para alongar o outro lado do corpo (isto é uma série). Repita mais uma a três séries.

Modificação

- Se tiver dificuldade em manter os pulsos alinhados, pode segurar os pesos agarrando-os com todos os dedos da mão.

A ser levado em conta

- Se tiver dor nas costas, ombros, nuca, cotovelo ou pulsos, lembre-se que no princípio deve realizar toda a série sem os pesos.
- Se tiver dores ou lesões na espinha, tenha um cuidado especial ao realizar este exercício.
- Empurre o ventre na direção da coluna, eleve-se a partir da cintura e mantenha as costelas encolhidas.
- Conserve os quadris e os pés na mesma vertical durante todo o exercício. Não encurte o lado da cintura para onde flexiona o tronco. Trabalhe o controle da caixa.

◆ O MORCEGO

NÍVEL TÉCNICO: intermediário.
REPETIÇÕES: 3 a 5.
OBJETIVOS: fortalecer as costas, o centro de força, os braços e os ombros.

Posição inicial

Partindo da posição Pilates de pé, separe as pontas dos pés até alcançar uma distância equivalente à da amplitude dos quadris; depois, alinhe os calcanhares com as pontas dos pés. Rode para baixo com a cabeça e os braços relaxados e adote a posição inicial do exercício *Boxe* (ver a pág. 269), mas levando os punhos a um palmo de distância do esterno e mantendo os cotovelos flexionados e abertos nas laterais do corpo.

Movimento

Empurre o ventre para dentro, alongue a coluna e leve os cotovelos na direção do teto enquanto estende o braço. Volte a flexionar os braços, levando de novo as mãos diante do esterno. Repita mais duas a quatro vezes. Ao terminar, relaxe a cabeça, deixe cair os braços para o solo, adote de novo a posição Pilates e faça a coluna rodar para cima.

Modificação

- Se você é principiante ou tem a coluna vertebral rígida ou frágil, pode "arredondar" um pouco a região lombar.

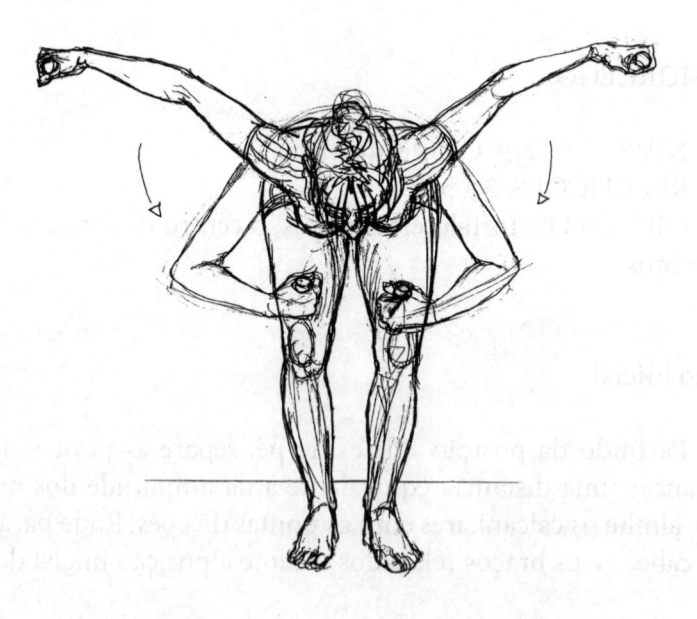

A ser levado em conta

- Lembre-se de que se tiver dor nas costas, ombros, nuca, cotovelos ou pulsos, no princípio deve realizar toda a série sem os pesos.
- Se tiver dor ou lesões nas costas, tenha especial cuidado ao realizar este exercício.
- Mantenha o peso do corpo ligeiramente para frente e assegure-se de que os joelhos estão flexionados perpendicularmente aos pés.
- Use o centro de força e realize os movimentos com controle e sem brusquidão.
- Empurre o ventre na direção da coluna e não arqueie a região lombar.

◆ CREMALHEIRA

NÍVEL TÉCNICO: intermediário.
REPETIÇÕES: 3 a 5.
OBJETIVOS: fortalecer o centro de força, as costas, os ombros e os braços; trabalhar o equilíbrio e a coordenação.

Posição inicial

Na posição Pilates, de pé, coloque os braços esticados diante das coxas e junte os pesos pelas extremidades. No caso de não usar os pesos, una os polegares de cada mão.

Movimento

Eleve os calcanhares juntos sobre os dedos dos pés, enquanto, imaginando que fecha uma cremalheira, leva as mãos até o queixo, mantendo os cotovelos abertos nas laterais. Baixe as mãos e os braços pouco a pouco, "abra a cremalheira" enquanto desce os calcanhares para o solo, opondo resistência à gravidade.

Modificação
- No princípio, pode trabalhar sem levantar os calcanhares.

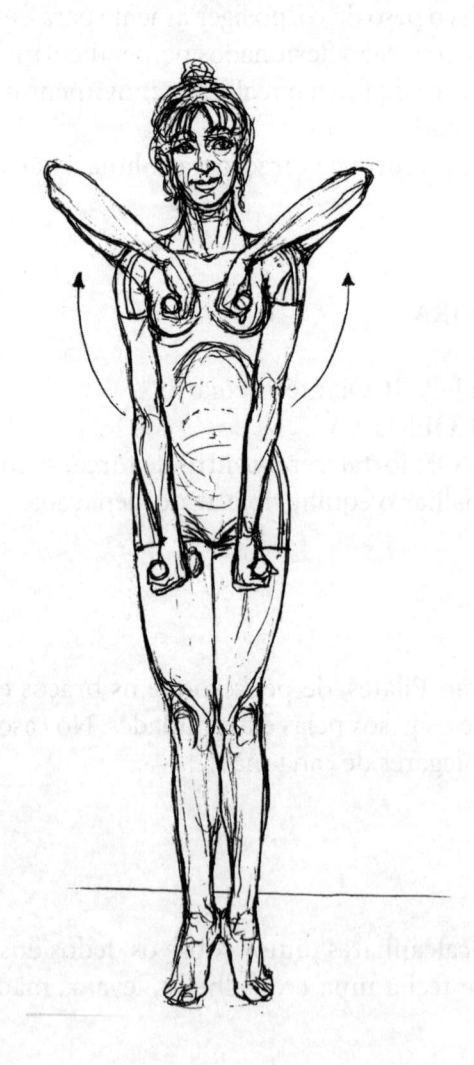

Progressão

Se desejar trabalhar mais a coordenação, em vez de realizar o movimento de pés e braços simultaneamente, pode realizar as seguintes combinações: 1) feche a cremalheira, eleve os calcanhares, baixe a cremalheira, baixe os calcanhares; 2) eleve os calcanhares, feche a cremalheira, baixe os calcanhares, baixe a cremalheira.

A ser levado em conta

- Lembre-se de que, se tiver dor nas costas, ombros, nuca, cotovelos ou pulsos, no princípio deve realizar toda a série sem os pesos.
- Trabalhe a partir do centro de força; empurre o ventre na direção da coluna e para cima para evitar o oscilar do corpo ao elevar e baixar os calcanhares. Mantenha os calcanhares juntos o tempo todo. Trabalhe a "cremalheira" também entre as pernas. Coordene a subida e a descida dos calcanhares com o movimento de fechamento e abertura da "cremalheira".
- Mantenha a coluna estirada sem arquear a zona lombar e procure não subir os ombros.

◆ BARBEADO

NÍVEL TÉCNICO: intermediário.
REPETIÇÕES: 3 a 5.
OBJETIVOS: fortalecer o centro de energia, as costas, os ombros, os braços, os tríceps; trabalhar o equilíbrio e a coordenação.

Posição inicial

Depois da *Cremalheira*, levante e estique os braços em uma ligeira diagonal por cima da cabeça, mantendo os pesos juntos. Incline o corpo ligeiramente para frente. Leve os pesos para trás da cabeça até a base da nuca, mantendo os cotovelos abertos dos lados. Mantenha as costelas encolhidas.

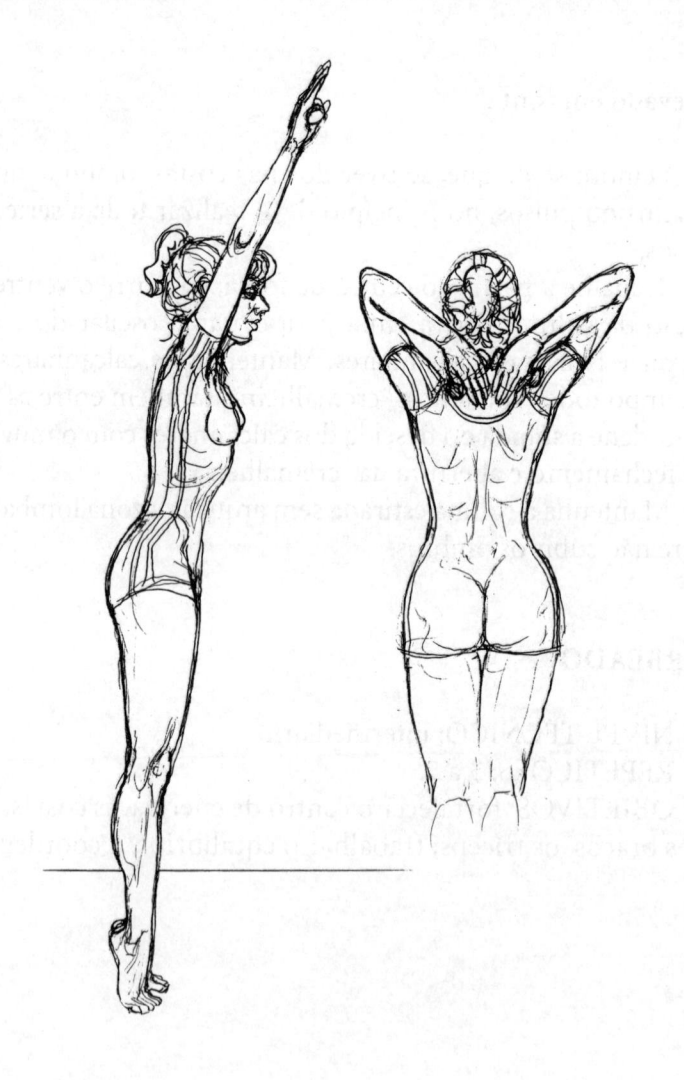

Movimento

Sem separar os pesos em todo o trajeto, estique os braços em uma ligeira diagonal (para frente e para cima), como se estivesse "barbeando" a parte posterior da cabeça, enquanto eleva os calcanhares. Repita mais duas a quatro vezes este movimento.

Modificação

- Se não trabalhar com pesos, mantenha juntos os polegares e os indicadores, "desenhando um diamante".
- No princípio, pode trabalhar sem elevar os calcanhares.

Progressão

Se desejar trabalhar mais o equilíbrio e a coordenação, em vez de realizar o movimento de pés e braços simultaneamente, realize estas combinações: 1) "barbeie" a cabeça, eleve os calcanhares, baixe os braços, baixe os calcanhares; 2) eleve os calcanhares, barbeie a cabeça, baixe os calcanhares, baixe os braços.

A ser levado em conta

- Lembre-se de que, se tiver dor nas costas, ombros, nuca, cotovelos ou pulsos, no princípio deve realizar toda a série sem os pesos.
- Assegure-se de que o corpo permanece ligeiramente inclinado para frente e se elevando a partir do centro de força.
- Mantenha as pernas e os calcanhares juntos o tempo todo na posição Pilates.
- Não se esqueça de trabalhar com os cotovelos abertos durante todo o exercício.

3
EXERCÍCIOS DO SISTEMA AVANÇADO

◆ **FLEXÕES DO ANTEBRAÇO NA POSIÇÃO DE TÁBUA**

NÍVEL TÉCNICO: avançado.
REPETIÇÕES: 4 a 6.
OBJETIVOS: fortalecer o centro de energia, os tríceps, as costas; alongar e fortalecer os braços.

Posição inicial

Partindo da posição Pilates de pé, separe as pontas dos pés até alcançar uma distância equivalente à da amplitude dos quadris; depois alinhe os calcanhares com as pontas dos pés. Faça rodar a coluna para baixo e adote com as costas a posição de "tábua de uma mesa", como no exercício *Boxe* (ver a pág. 269). Conserve os joelhos na vertical com os pés. Flexione os cotovelos e cole-os ao corpo, mantendo a palma da mão olhando para os ombros. Empurre o ventre na direção da coluna.

Movimento

Sem separar os cotovelos do corpo, estenda-os completamente deslocando os antebraços para trás. Depois, estenda os pulsos também para trás. Para voltar à posição inicial, flexione os pulsos e depois os antebraços. Repita este exercício mais três a cinco vezes. Ao terminar, deixe cair a cabeça e os braços para baixo, volte a juntar os calcanhares e as pernas para recuperar a posição Pilates e faça rodar a coluna para cima.

Modificação

- Se for principiante neste exercício ou tiver a coluna vertebral rígida ou frágil, pode "arredondar" um pouco as costas.

A ser levado em conta

- Lembre-se de que se tiver dor nas costas, ombros, nuca, cotovelos ou pulsos, no princípio deve realizar toda a série sem os pesos.
- Se tiver dor ou lesões nas costas, tenha um cuidado especial ao realizar este exercício.
- Use o centro de energia e alinhe a cabeça com o resto da coluna na posição de "tábua". Conserve a coluna estirada sem arquear a região lombar.
- Se realizou as *Flexões do antebraço de pé* (ver a pág. 266), NÃO realize as *Flexões do antebraço na posição de tábua*. Deve escolher uma das duas se desejar realizar toda a série com os pesos.

◆ EXPANSÃO DO PEITO

NÍVEL TÉCNICO: avançado.
REPETIÇÕES: 2 séries.
OBJETIVOS: fortalecer o centro de energia e as costas; trabalhar a respiração, a abertura do peito, o equilíbrio; fortalecer e alongar a nuca.

Posição inicial

Na posição Pilates, de pé, levante e estique os braços até igualar a altura e a amplitude dos ombros. Mantenha as palmas das mãos voltadas para baixo.

Movimento

Inspire e levante os calcanhares ao mesmo tempo em que, elevando-se a partir do centro de força, passa os braços por trás dos quadris, abrindo o peito e os ombros. Segure o ar e a posição enquanto olha por sobre o ombro direito alongando a nuca; regresse ao centro, olhe por sobre o ombro esquerdo e volte ao centro. Expire, fazendo os braços regressarem à posição inicial e fazendo descer os calcanhares. Repita uma vez mais, alternando a direção inicial do giro da cabeça, ou seja, começando a olhar por sobre o ombro esquerdo. Isto completaria uma série. Realize mais uma.

Modificação

- No princípio, pode trabalhar sem elevar os calcanhares.

A ser levado em conta

- Lembre-se de que, se tiver dor nas costas, ombros, nuca, cotovelos ou punhos, no princípio deve realizar toda a série sem os pesos.
- Assegure-se de que o corpo permanece ligeiramente inclinado para frente e elevando-se a partir do centro de força.
- Mantenha as pernas e os calcanhares juntos durante todo o exercício.
- Olhe por cima do ombro e alongue a parte posterior do pescoço. Mantenha o queixo pressionando levemente a garganta.
- Não arqueie a região lombar da coluna e mantenha-a corretamente alinhada e alongada.
- Evite que as costelas saltem para fora.

◆ CÍRCULOS COM OS BRAÇOS

NÍVEL TÉCNICO: avançado.
REPETIÇÕES: 2 séries de 8 a 10 repetições.
OBJETIVOS: fortalecer o centro de energia, as costas, os braços; trabalhar o controle e o equilíbrio.

Posição inicial

Na posição Pilates, de pé, estique os braços diante das coxas. Mantenha as palmas das mãos orientadas para as coxas.

Movimento

Eleve-se sobre os dedos dos pés enquanto descreve para fora de oito a dez pequenos círculos com os braços, deslocando-os gradualmente para cima. Regresse à posição inicial, realizando os pequenos movimentos circulares dos braços no sentido oposto, enquanto faz descer os calcanhares (isto é uma série). Repita outra série.

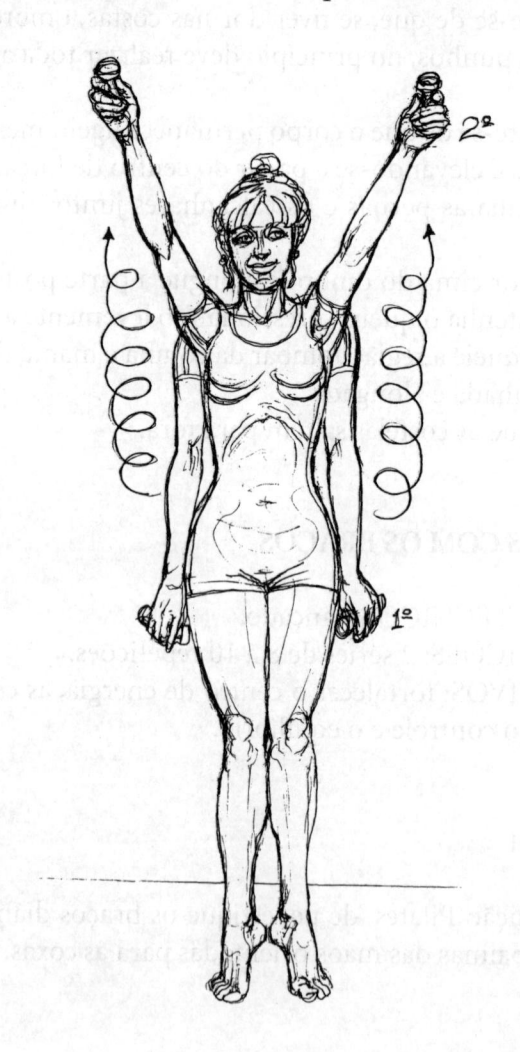

Modificação

- No princípio, pode-se trabalhar sem elevar os calcanhares.

A ser levado em conta

- Lembre-se de que, se tiver dor nas costas, ombros, nuca, cotovelos ou pulsos, no princípio deve realizar toda a série sem os pesos.
- Assegure-se de que o corpo permanece ligeiramente inclinado para frente e elevando-se a partir do centro de força.
- Mantenha as pernas e os calcanhares juntos durante todo o exercício.
- Realize o movimento circular com os braços a partir da articulação do ombro, e não com os pulsos ou os antebraços.
- Coordene a subida e a baixada dos calcanhares com o movimento dos braços.
- Não arqueie a região lombar da coluna e mantenha-a corretamente alinhada e estirada.
- Evite que as costelas saltem para fora.

◆ ESTOCADAS

NÍVEL TÉCNICO: avançado.
REPETIÇÕES: 2 com cada perna.
OBJETIVOS: fortalecer o centro de energia, as costas, os braços, as coxas; alongar as panturrilhas; trabalhar o controle.

Posição inicial

Partindo da posição Pilates, com os braços estirados ao longo do corpo, desloque um pé colocando o calcanhar na frente do arco do outro pé. Com um movimento rápido e controlado, dê um passo à frente e na diagonal, incline o tronco para frente flexionando o joelho e aproximando o corpo da coxa. Leve simultaneamente os braços esticados à altura das orelhas, como se arremetesse com uma "estocada", e mantenha a perna posterior esticada. Trace uma linha reta do calcanhar da perna esticada até a nuca.

Movimento

Baixe os braços esticados até que fiquem perpendiculares ao solo. Erga os braços esticados de novo até a posição inicial do exercício. Repita mais uma vez o movimento dos braços. Alongando para cima com o centro de força, dê um passo atrás para recuperar a posição inicial de pé, ereta. Repita a estocada e depois alterne as pernas para repetir tudo sobre a outra perna.

A ser levado em conta

- Se tiver problemas nas costas, joelhos ou quadris, não realize este exercício.
- Mantenha o tempo todo o umbigo pressionado na direção da coluna, e as costas e o pescoço esticados.
- Tente se colocar na posição inicial com apenas um movimento.
- Cuide para que o joelho não ultrapasse a vertical dos dedos do pé que está à frente, e que os quadris não desçam abaixo do nível do joelho.
- Não desloque o peso do tronco para a coxa. Baixe e eleve os braços mantendo o tronco imóvel.
- Alongue para trás com a perna posterior para equilibrar o peso e tente não levantar o calcanhar do solo.

RELAÇÃO DE ACADEMIAS

Academia de formação de professores na Espanha:

El Arte del Control
Esperanza Aparicio, professora de professores
Juan Péres, professor de professores
Córcega 258, tienda 2
08008 Barcelona, España
Tel.: 93 217 06 18 e 93 418 42 12
info@artecontrol-pilates.com
www.artecontrol-pilates.com

Academias de formação de professores fora da Espanha:

Drago's Gym
Romana Kryzanowska, mestra de professores
Sari Mejía Santo, mestra de professores
50 West, 57th Street, 6th Floor
New York, NY 10019, U.S.A.
Tel.: +1 212 757 07 24

The Pilates Studio™ Seattle&Capitol Hill Physical Therapy
Lauren Stephen, diretora e professora
Lori Coleman PT, diretora e professora
413 Fairview Avenue North
Seattle, WA 98109, U.S.A.
Tel.: (206) 405-3560 Fax: 3938

The New York Pilates Studio® of Los Angeles
Michael Levy, diretor e professor
17200 Ventura Blvd. #310
Encino, CA 91316, U.S.A.
Tel.: (818) 783-0097

Francisca Molina
Luis Pasteur, 5393
Santiago de Chile, Chile
Tel.: 56-2-2287133

The New York Pilates Studio® Australia
Cynthia Lochard, diretora e professora
Suite 12
Level 4/46-56 Holt Street
Surry Hills, 2010 Australia
Te../Fax: 011 612 9698 4689

The New York Pilates Studio®
Marjorie Oron, diretora e professora
Keizerstraat 32
2584 Bj La Haya, Holanda
Tel.: 011 31 703 508 684
Fax: 011 31 703 228 285
www.pilatesm.com

Le Studio Pilates de Paris®
Phillipe Taupin, diretor e professor
39 Rue Du Temple
75004 Paris, France
Tel.: 011 331 427 29174
Fax: 011 331 427 29187
e-mail: P.Taupin@hotmail.com

Para mais informações sobre outras academias de formação de professores fora da Espanha, consulte a página da internet www.romanaspilates.com

Outras academias:

Estudio Sane Pilates
C/Claudio Coello, 28 1º izq.
28001 Madrid, España
Tel.: 914316500

María José Aznar
Plaza Gall, 12
03203 Elche, Alicante, España
Tel.: 651 388 001

Fernando Zabala Gil
Barría, 8
48930 Las Arenas, Vizcaya, España
Tel.: 620 237 044

Wellness Training S.L.
Ana Orozco, professora
Doctor Ferrán 14, 1º 1a
08440 Cardedeu, Barcelona, España
Tel.: 650 951 594

Studio Arte del Controllo
Enza Arriza, professora
Presso Mare del Qi
Corso Colombo, 5
20144 Milano, Italia
Tel.: 00 39 02 8356952 e 00 39 339 3930613
e-mail: vinarr@libero.it

Studio Ballance
Alessandra Tegoni
Av. Encantado 410
Petrópolis, 9470-420
Porto Alegre, RS, Brasil
Tel./fax: 55 51 3022 6912

Espaço Pilates
R. Dona Laura 226 s. 403
90430-090
Porto Alegre, RS, Brasil
Tel./fax: 55 51 3321 4800

Este livro foi composto em Minion
para a Editora Planeta do Brasil
em agosto de 2005.